序

　当初の予定では、近い内に第二の教典『法身奥祕』を出版するのが先決であったのですが、読者諸氏が最初の教典『現代佛教の謬見より出でよ』を読了された後、書翰を寄せられ問われる所が多かったのは、「如何に青陽禪法を修練するのか」という事でした。筆者はEmailを通じて幾人かの会員を指導致しまして、かなり良好の効果が上がりました。その中のある会員が手紙を寄せて下さいましたので、ここで御紹介致したいと思います。

　　　　　　＊　　　＊　　　＊

　法父様（英語のDharmafatherの翻訳による語──筆者註）ご挨拶申し上げます。

　私は台湾の会員である晉××と申します。（この会員は特殊な業界に従事している為、匿名を希望された──筆者註）

　『現代佛教の謬見より出でよ』という本は、私に大きな利益(やく)をもたらしました。実際に自ら体験した事を書いて、世界未來佛宗教協會を通じて、他の会員の方々にもお伝えすることで、皆さ様が「青陽禪法」の長所を更に理解され、有縁人に実際の利益があればよいと考えております。

＊機縁（えにし）

　ある昼下がりのこと、私が『中國時報』[1]を見ていた所、

---

[1]　台湾において発行されている新聞。『聯合報』『自由時報』『蘋果日報』と並ぶ大手紙で、本邦の五大紙に相当する。

偶然にも『現代佛教の謬見より出でよ』の書評が目にはいったのです。この本の紹介文は私を惹きつけるものがあり、しかもそれは折から私が気になっていた所でした。そこで私はインターネット書店で未來佛宗教の一冊目の教典である『現代佛教の謬見より出でよ』を購入しました。

この本を読んだ時、見るほどに広博深遠な内容だと感じました。読み終えて、私は正しい人・事・物に巡り逢ったと感じ、心中に図らずも一種の渇望が生まれ、この宗教をもっと理解すべきだと思ったのです。というわけで、会員になることを決めて、西暦二〇一〇年六月六日、遂に正式に会員となったのです。

＊会員となって

会員になってから、私はEmailで法父釋迦靑陽と未來佛宗教協會に自分の加持(かじ)の通路が開通しているかを尋ねました。私は靈炁(れいき)の加持にあやかりたいと望んでいたのです。釋迦靑陽法師は、「加持通路は既に開かれたり。黙して'拜通靑陽(はいつうせいよう)身外身(しんがいしん)'と唱ずれば、加持靈炁は願うがままに至るであろう」とおっしゃいました。その時は本当に嬉しくて、釋迦靑陽法師(しゅぎょう)が衆生のために方便之門(ほうべんのもん)を開いて下さったことに感謝でいっぱいでした。

私は多くの不可解の疑問をEmailで法父様そして未來佛宗教協會に尋ねましたが、どれも信服させられるものばかりでした。私は直ちに何冊か買い求めて、図書館へ寄贈し、また友人に贈りあるいは貸して読んでもらい、そして家人と感

想を分かち合ったりしました。この本を所蔵することで、私は僥倖(ぎょうこう)を感じ得たのですが、言ってみれば、人生の行動規範における"GPS"を得たようなもので、私を正しい方向へと導いてくれます。

＊加持靈炁(かじれいき)の利益(りゃく)

長年、私は慢性の頭痛を抱(かか)えており、ずっと悩まされて来ました。"青陽身外身"加持靈炁を拝してから、だんだん頭痛は改善されていき、一ヶ月後、頭痛はやや軽減され、二ヶ月後は更に、そして現在では滅多に頭痛がありません。

私は膚(はだ)が弱く、季節の変り目或いは梅雨の時期、不快感があり、取り分け指の間に水膨(ぶく)れができて、困っていました。以前から皮膚科へ通って薬の処方を受けていました。今では、症状が出た時に、"青陽身外身"加持靈炁を拝し続け、症状は、もはや消えて無くなりそうです。

この他、私は鼻腔過敏症の問題も抱えていまして、"青陽禪法"を修練した後、症状は軽減されました。今のところ、健康状態はますます良くなっていると感じますし、精神的にも以前より良く、体にも気力が漲(みなぎ)るようになりました。

現在私は疲労を感じるたびに、"青陽身外身"加持靈炁を拝し、殊に運動の際もしくは運動後、"青陽身外身"加持靈炁に頼ります。毎回こうすることで、体はそんなに疲れることはありません。

時間のたつにつれて、加持靈炁の効き目はますます顕著になってきました。私は最初靈炁を加持した時、初めは体の

経絡(けいらく)が痛んでいましたが、今では一条の熱流が巡るようで、全身が楽になったのです。経絡が通じたのだと思います。

　ある時、私は台北で研修を受けていたのですが（台北の気候は私のような南部の人間にとってかなり寒く感じました）、体が冷えるたびに、"青陽身外身"加持靈炁を乞い願うと、冷えは解消されました。

　この頃、私は感覚が鋭敏になって行くのを感じ、頭が重たい感じも無くなってきています。頭脳は冴えわたり、物事を処理する能力と判断力が増してゆく感じがします。私は、"青陽禪法"を修練して、靈炁を加持した暁に得られる利益を強く信じます。

＊**請い求める**

　"青陽禪法"を修練して、かくも利益(りやく)を得られることを多くの人は知りませんし、いまだに多くの人々がどうやって修練するか知りません。釋迦青陽法師に、人々のために一連の"青陽禪法"の修練法の詳細な指導を公開して頂き、読者と会員が利益を得るための便宜として頂くことはできないものでしょうか。

　〈後略〉

＊　　＊　　＊

　著者がこのお便りを読み終えて、思い至ったのは、この方以外の数名の読者が寄せて下さった求めであり、"青陽禪法"の修練法に関する本を一冊、皆様の修練の扶助とするため鉛槧(ちょう)に附する必要を感じた次第であります。

実の所、靑陽禪法修練法に関する指導は既に有りながら、"入門徒"向けの内部使用に供するのみで、大々的に公開することは御座いませんでした。今多くの人々がこのように指導を必要とされているからには、筆者は、この"内部使用"の未來佛宗教に帰依した門徒用の『修道指南』（入門巻）を改めて整理し、"未來佛宗教"の二冊目の教典、書名『禪修密中祕』として編輯出版し、世に問うことに致しました。
　元々二冊目の教典として『法身奥祕』の出版を準備していましたが、これを三冊目の教典と改めることに致します。御理解頂きたく存じます。
　常に申しておりますのは、「師父は導きて門に入(い)らしめ、修練は本人に靠(よ)るべし」ということです。
　入門は、名を顧(かえり)み義を思うは、則ち(すなわ)修練の大門に踏み入るということです。この大門の裡(うち)では、一定の成果を修練で上げたければ、師父の与える訓育と指導の他、門徒本人が努力を払わねばなりませんで、決して完全に師父に依存するのではありません。
　私共が現在生存の恃(たの)みとしております地球は、災難が叢生(そうせい)する星であり、我々が拠(よ)って生きる環境は、汚染が深刻な生活空間であり――飲食物の汚染（液体と固体とを問わず）・大気汚染・空間汚染（放射能）・精神汚染（生活のストレスによるものも精神汚染の一つである）……、これ等(ら)の汚染は我々の肉体に危害をもたらすことで、この地球村に生きる大

部分の人を"亞健康"[2]状態に置いているのであります。

　私共は肉体が不健康ならば、苦痛になり不快になります。その情緒は家人や周囲の人々に影響を与え、他人に煩悩をもたらします。肉体が不健康な状態で身外身を修練するのは、慥かに困難であります。

　もし一個人が"出世間法"（未來佛宗教教典①『現代佛教の謬見より出でよ』揺籃社刊——以下教典①と略称する——の一八四頁"世間法"を見よ）を修練せんとすれば、"世間法"の基礎の上に立脚せねばなりません。そうしなければ、容易に成功を収めることは出来ません。

　そこで、私共は「一人の健康即ち一家の幸福」という宗旨を基に入門信徒を養成しております。

　入門後の初期段階では主に肉体の健康と長寿を目的として修練を進めますが、これが命禪であります。同時に智慧を益し、潜在能力を発掘するのは慧禪であります。単独で健康長寿を修練するのは命禪であり、単独で智慧を増し、潜在能力の発掘を修練するのは慧禪です。命禪を修練するのと同時に、慧禪を修練し、並びに色身の健康長寿と智慧の開発・靈性の増長を保証するのは、命慧雙修禪であります（教典①一七九頁参照）。

　入門した門徒が修練する禪法は、その実命慧雙修禪なのです。只前半は命禪修練に重きを置き、後半は慧禪に重きを置

---

[2] 健康でもなく疾病でもない状態を指す。病徴が現れてはいないが、臨界状態である様。

くだけなのです。

　禪とは、一種の功夫³と境地の結合であり、修練方法を通じて、一種の境地へと進入或いは到達することをいいます。よって禪法は一種の功夫で、禪功ともいい、又錬功・功法ともいいます。禪法に関わる修練の過程を禪修といいます。

　未來佛宗教に帰依した信徒が修練する禪法は、皆伝承が有り、連綿と古代より現代へ、代々今日に至る迄伝えられたものであり、決して空想想像の類ではないし、他人の引写しでも胡乱に編み濫造したものでもありません。であるからこそ、私共は列代の宗祖の福佑と加持を得られるわけです。

　該禪法の大本は正法である為、かつて高ステージの禪法修練を行った列代の宗祖は、総て次々高法身を修練し得て、最終的に涅槃へと進みました。

　未來佛宗教の信徒等は、"靑陽禪法"を修練し、"拜通靑陽身外身"を念誦する時、列代宗祖の"空法身"（色身無き法身を空法身と称す）と靑陽身外身とその衛士は、均しく刹那の内に修練者の頭上や身辺に至り、修練者の為に靈氣を加持し、扶助を提供します。そうして修練者は事半ばにして効果を二倍にする事が出来るのです。

　但し修練者は必ず私達の指示通りにしなければ、顕著な効果を得る事は出来ません。さもなければ、効果が無いか、効果がはっきりしないでしょう。

　人というものは、世界に生きるに何事を成すにしろ、多か

3　修錬、鍛錬、修養、修行の累積又はその手間暇。

れ少なかれ技巧が必要なのです。只その技巧を把握しさえすれば、容易に成功するのです。

　禪法を修練するは斯くの如し。

　俗諺は良く言ったもので、"習うより慣れよ"といいます。ですから、禪修者は須らく修練方法に熟達して、最終目標を修練技巧の獲得と定め、成就出来るようにすべきです。

　修練者がより良く修練技巧を習得し得るよう、茲に『禪修密中祕』を上梓し、修練者が速やかに修練技巧を習得し、修練ステージを高めて顕著な効果を得る扶けとなることを願っています。

　修練者各位の健康長寿、修練成就を謹んでお祈り申上げます。

目　次

序 …………………………………………………………… 3

巻四、青陽禪法修練で如何に健康を獲得するや

一、啓粒子 …………………………………………… 18
二、炁 ………………………………………………… 19
三、思念を用いて新たに生成した細胞を修正する … 23
四、交感及び副交感神経系統の双方向調節 ………… 25
　（一）自律神経系統 …………………………… 26
　（二）交感神経系統 …………………………… 30
　（三）副交感神経系統 ………………………… 33
　（四）交感・副交感神経系統に対する双方向的調節 … 35
五、青陽身外身よりの扶助 …………………………… 38

巻五、経絡及びその炁に対する感知の類型

一、経絡 ……………………………………………… 44
　（一）経絡の意義 ……………………………… 45
　（二）経絡の分類 ……………………………… 45
　（三）経絡と五行の變理 ……………………… 46
　（四）経絡の陰陽関係 ………………………… 46
　（五）流注と交接 ……………………………… 49
　（六）経絡の表裡関係 ………………………… 50
　（七）子午流注 ………………………………… 51
二、経絡の炁に対する感知の類型 ………………… 54
　（一）超霊敏型 ………………………………… 55
　（二）霊敏型 …………………………………… 56

（三）低霊敏型 …………………………………… *57*
　　（四）遅鈍型 ……………………………………… *58*
　　（五）突変型 ……………………………………… *59*

卷六、青陽禪法概論

一、氣功とは何ぞ ……………………………………… *62*
二、青陽禪法とは何ぞ ………………………………… *68*
　　（一）靈炁禪 ……………………………………… *71*
　　（二）靈光禪 ……………………………………… *72*
　　（三）無生禪 ……………………………………… *73*
三、青陽禪法の十大特長 ……………………………… *76*
　　（一）深悟・苦修・巧錬 ………………………… *76*
　　（二）密中祕超時空大法加持送功 ……………… *79*
　　（三）独特の手話・暗号での通聯 ……………… *79*
　　（四）簡単にして学び易し ……………………… *81*
　　（五）安全で信頼性有り ………………………… *82*
　　（六）得功の速さ ………………………………… *83*
　　（七）炁場が強し ………………………………… *83*
　　（八）速やかに外炁を放つ ……………………… *84*
　　（九）健康効果が奇特なり ……………………… *85*
　　（十）神通顯化者の衆 …………………………… *85*
四、青陽禪法の伝承 …………………………………… *87*

卷七、灼かなる功を獲得する"十心"

一、誠心 ………………………………………………… *93*

二、信心 ……………………………………………… *95*

　　三、虚心 ……………………………………………… *95*

　　四、恆心 ……………………………………………… *96*

　　五、悟心 ……………………………………………… *97*

　　六、精進心 …………………………………………… *99*

　　七、寛容心 …………………………………………… *100*

　　八、憐憫心 …………………………………………… *103*

　　九、慈悲心 …………………………………………… *104*

　　十、奉献心 …………………………………………… *106*

巻八、青陽禪法の修煉原則

　　一、刻苦して德を修め、禪坐を輔助する ………… *110*

　　二、その自然に順い、追求せず ……………………… *113*

　　三、達観・無爲 ……………………………………… *117*

　　四、三要素 …………………………………………… *119*

　　　　（一）調身 ……………………………………… *120*

　　　　（二）調息 ……………………………………… *120*

　　　　（三）調心 ……………………………………… *121*

巻九、注意事項

　　一、禪坐前の準備 …………………………………… *126*

　　二、環境に対する選択 ……………………………… *126*

　　三、時間と方向 ……………………………………… *127*

　　四、生活の調節 ……………………………………… *128*

　　五、己を掌握する …………………………………… *129*

六、驚禪と解驚 …………………………………………… *130*
　　七、丹田の位置 …………………………………………… *131*
　　　（一）上丹田 …………………………………………… *131*
　　　（二）中丹田 …………………………………………… *131*
　　　（三）下丹田 …………………………………………… *131*
　　八、その他注意事項 ……………………………………… *132*

卷十、靑陽禪法の禪中効能

　　一、身体に触発効能が現れる ………………………… *134*
　　二、"唾涎"が増す効能が現れる ……………………… *135*
　　三、腹鳴効能が現れる ………………………………… *135*
　　四、炁が病根を攻める効能が現れる ………………… *136*
　　五、哭・笑効能と自ずと動く効能とが現れる ……… *136*
　　六、双方向調節効能が現れる ………………………… *137*
　　七、"辟穀"の効能が現れる …………………………… *137*
　　八、神通顕化効能が現れる …………………………… *139*

卷十一、靑陽禪法

　　一、第一歩：靈炁禪 …………………………………… *142*
　　　（一）第一歩：自然禪 ……………………………… *142*
　　　（二）第二歩：會議禪 ……………………………… *143*
　　　（三）第三歩：低坐禪 ……………………………… *156*
　　二、動功十式 …………………………………………… *183*
　　　（一）第一式 ………………………………………… *184*
　　　（二）第二式 ………………………………………… *185*

（三）第三式 ……………………………………………… *185*

　　（四）第四式 ……………………………………………… *185*

　　（五）第五式 ……………………………………………… *185*

　　（六）第六式 ……………………………………………… *186*

　　（七）第七式 ……………………………………………… *186*

　　（八）第八式 ……………………………………………… *186*

　　（九）第九式 ……………………………………………… *187*

　　（十）第十式 ……………………………………………… *187*

卷十二、青陽力氣療法

　一、外炁と內炁 ……………………………………………… *200*

　二、如何に內炁を外炁に転換するや ……………………… *203*

　　（一）勞宮發炁法 ………………………………………… *204*

　　（二）劍指發炁法 ………………………………………… *205*

　三、內炁を外炁に転換する際の注意事項 ………………… *206*

　　（一）飲酒後 ……………………………………………… *206*

　　（二）思念 ………………………………………………… *206*

　　（三）身體と精神 ………………………………………… *206*

　　（四）自らに炁を充たす ………………………………… *206*

　　（五）漸進 ………………………………………………… *207*

　　（六）力氣の源へ接通する ……………………………… *207*

　四、良性の思念を用いる …………………………………… *208*

　五、外炁の有無を判断する方法 …………………………… *210*

　　（一）劍指を用いて勞宮穴或いは合谷穴へ炁を發する … *210*

　　（二）劍指を用いて手心へと弧を描いて炁を發する …… *211*

（三）勞宮穴を用いて炁を発し手心を押引きする ……… *211*
六、青陽能療九法 …………………………………………… *211*
　　（一）整体法 ……………………………………………… *212*
　　（二）排毒法 ……………………………………………… *214*
　　（三）回照法 ……………………………………………… *215*
　　（四）収炁法 ……………………………………………… *215*
　　（五）飲食法 ……………………………………………… *216*
　　（六）器物法 ……………………………………………… *218*
　　（七）音波法 ……………………………………………… *219*
　　（八）表符法 ……………………………………………… *220*
　　（九）密中祕の超時空大法 ……………………………… *221*

巻十三、青陽活子時

附録：図表索引

巻四
青陽禪法修練で如何に健康を獲得するや

一、啓粒子

　浩瀚なる宇宙には、種の微細な顆粒が瀰散している。この様な無数無量の顆粒は散乱し、無秩序、遊動的である。なぜならそれ等は甚だ微細で、我々の肉眼では見る事も、又我々の身体の触覚でそれを感じる事も出来ない。我々の体を透過できても、我々が感知する事は出来ない。

　この顆粒は、炁・幽鬼・水・経絡・世界・肉体・霊魂・法身・山川・樹木・天堂人等を組成する森羅万象の基礎的力氣である。

　これを華語で「啓粒子」といい、英語で「Qingticle」という。

　天眼を開いた修練者は、天眼を以て啓粒子の存在と変化を見る事が可能である。

　啓粒子は浩瀚なる宇宙に永劫に存在し、時間の上では無始無終、空間の上では無辺無際、変化の上では無窮無尽である。

　啓粒子は細微な顆粒であるから、空間障碍を超越し得、極めて高い透過性を有している。

　人の思念は、一定の力を具える。修練のステージの高低によって、思念力の大小は各々不同である。

　但し転生して人となった霊魂は、その大脳の作用を通じて、修練したか否かによらず、均しく啓粒子を支配する能力を持つ。只その支配数の多寡に差が有るのみである。

　人に"三魂"（教典①五十九頁"三魂七魄"）有り。各々の

魂は、皆肉体を離れて独立して活動する能力を具有する。しかし如何なる魂であれ、一旦人体を離れれば、皆啓粒子を支配し得ぬ。何となれば、人体の大脳という思念力を生出す道具を失ってしまうからである。

畢竟(ひっきょう)、啓粒子は、人が支配し得る力氣(りょくき)なのである。

それでは人以外の動物は、啓粒子を支配する能力が有るのであろうか。答えは、「有り」である。

二、炁

啓粒子が聚合(しゅうごう)を経た後、簡単な力氣團(りょくきだん)を生成し、この力氣團を略称して「炁」という。

啓粒子は一種の原料に相当し、使用時、それを他の物に転成するのが必須である。例えば、木材を用いて紙を造るに、まず木材をパルプと成さねば、紙を造る事は出来ない。ここでは、木材は紙の原料、但しこの原料（木材）はそのまま用紙としての使用は不可能である。同じ道理で、啓粒子は一種の原料としては、多くの方面で直接使用する事は出来ないものであり、転化が必須であり、それを別の物に変成せねば、人間が使用出来る様にはならないのである。

人の経絡(けいらく)は啓粒子に由(よ)り組成される物である。

炁(き)もまた啓粒子に由(よ)り組成される物である。

経絡(けいらく)は炁(き)を包容できるが、これは炁が経絡を透過出来ぬが

故であって、炁は経絡中で流動し、まるで血管と血液の様な関係をなす。啓粒子はこれと異なり、啓粒子は経絡を透過出来る為、啓粒子を包容する事は出来ない。

この様に、啓粒子は炁化(きか)が必須であり、そうして初めて人の用いる所となるのである。

人体は一個の啓粒子を炁化する機械である。この過程は人の思念を通して完成される。

人は胎児の時代に既に経絡は体内に存在しており、しかも滞らず流れ、只太い細い、厚い薄いの別が有るのみである。

身体の経絡に対する需要は、二種に分かれる。即ち

（一）必需の

（二）非必需の

必需経絡は、生命を維持し、各人がこれを具え且つ自由な流れを維持せねばならない。滞れば、人体は病を発し得る。

非必需経絡は平時は通ぜず、使用せず、甚だしきは毛髪よりもずっと細い者である。この非必需経絡は専ら修道者が準備する者である。

例を挙げれば、"中脈"という経絡は、非必需経絡であるが、身外身に坐胎(ざたい)する以前に、必ずこの経絡を通(かよ)わせる必要がある。それが身外身の出入りする通路だからである。従って一人の非修練者にとって、体内の一部の経絡は、用うべからざる者であり、一生通(かよ)うこと無き者である。

禪法の修練に関しては、有漏(うろ)禪と無漏(むろ)禪（教典①一七七頁）を修めるが、経絡上では区別が有るのである。或命禪は、有

卷四　青陽禪法修練で如何に健康を獲得するや

漏禪に属し、これらの命禪が通わせる経絡は、実の所体内の必需経絡を疏通或いは強化するという事である。しかして無漏禪はこの基礎に立ち、延いてはそれらの非必需経絡を通わせ、よって身外身を修練し、直ちに涅槃を成就する。

　ある者は、炁を"靈炁"と称するが、この様に呼称するのは、"靈炁"という名詞の定義に、いささかの誤解を与えはしまいか。詰り人々が"靈炁"の中に"靈"が含まれていると考えてしまうという様にである。炁を"靈炁"と称するのは、炁が人類の思念の支配と制禦を受け得るからであり、それで炁が一定の霊性を有すると考え得る訳である。その実炁の中には、"靈"を含まない。もし炁が"靈"を含むとしたら、それは最早別の物になってしまう。例えば、霊魂は炁と精神の結合体である。しかし"靈炁"はさにあらず、"靈炁"の中には精神は無く、唯炁の別称であるだけなのである。しかるに"靈炁体"はこれと異なり、霊魂を具有し、炁に由り組成された身体を指す。

　炁を"靈氣"・"眞氣"・"純氣"と呼ぶ者も有る。"靈氣"には又"先天靈氣"と"後天靈氣"の有り。これ等の問題に就いては、『現代佛教の謬見より出でよ』書中の一九四頁"靈氣を知る"の一節中に、既に詳細に紹介してあるのでここで再び述べる煩瑣は避ける。

　科学は疾うに人をして物質の"三態変化"を把握・理解せしめている。科学が把握する所の有形の"三態変化"は、しかし、科学研究は今に至るも無形の"三態変化"を突破する

事が出来ていない。例えば、炁は"無形の気態"を以て人体に存在する一種の人体の必需力氣である。この必需力氣は天賦の物である。

　胎成りて炁来る、炁盛にして人旺なり、炁衰えて人弱り、炁絶て人亡び、命絶て炁帰る。

　心は人の神と爲り、炁は体の帥と爲る。

　経絡良く通ずれば、則ち血の循り佳し。

　炁足らば、自ずから経絡の疏通行わるべし。

　人体の必需経絡は、仮に全部滞り無く通い阻む事無い状態を維持し、元の基礎の上に強化して行く事が出来れば、彼は、取りも直さず"亞健康"の隊伍より脱して、健康人の隊伍へと加わる事が出来る。

　古来の東洋医学の理論は、我々に「通ぜば則ち痛まず、痛まば則ち通ぜず」、「氣通ぜば則ち血通ず、血瘀らば則ち病を生ず」と教えている。"氣通"の人体に対する重要性が見て取れる。ここに言う"氣通"とは、実の所"炁通"であり、指すのは経絡暢通である。

　現代医学には、一つ大きな謬論が存在する。人体の"炁態病変"を粗忽に扱っている部分である。只"液態病変"と"固態病変"のみに重きを置いている。殊に人体の病変が"炁態"から始まる者である事を知らない。

　腫瘤を例にすれば、まず"炁態病変"が"炁態"腫瘤を生み出し、この時"天眼"を用いてそれが見られる（未来の科学技術でこの類を透視する儀器が発明されるかも知れない）。

巻四　青陽禪法修練で如何に健康を獲得するや

一定時間が経過すると、漸く"液態病変"が現れ、"液態"腫瘤を生み出す。更に一定時間が経過すると、"固態病変"が現れ、"固態"腫瘤を生み出す。

もし"炁態病変"時に腫瘤が発見できれば、簡便な方法（例えば青陽禪法を修練する）を使用する事でこれを取り除く事が出来る。

青陽禪法は充分に"思念が啓粒子を制禦・支配して炁を生成する原理"を利用して修練を進め、同時に謹んで"青陽身外身"に力氣（靈炁）加持を請う事により、修練者をして労半ばにして功二倍する効果に至らしめる。

三、思念を用いて新たに生成した細胞を修正する

人体は力氣変換機であり、殊に啓粒子と炁の間で非常に明確に体現される。これは啓粒子を炁に変換し得、人の為に用いるが、又、炁を啓粒子へ転換し、虚空に帰せしめる。

人体は力氣変換機でもあり、飲食と代謝にも体現される。人体の消化機能は、飲食物を人体に必須の炁態・液態・固態の三種の物質へと変換できる。従って、人体もまた一台の"炁化"機なのである。

人に"三魂七魄"（教典①五九頁）有り、この"三魂七魄"は総て炁に由り組成される者である。"三魂七魄"が生存の

恃(たの)みとする必需且つ唯一の力氣が正に炁なのである。

　未修練の人体は必需の炁は、全く飲食物"炁化"後の供給に頼る事になる。修練を進行中の人体は必需の炁を飲食物"炁化"による供給以外にも修練を通して補充する事も出来るようになる。

　医学では科学儀器を通して、細胞の生長発育過程を観察できるので腫瘤(しゆりゆう)の変化が分かる。だが、現代医学はまだ明瞭でない点が有る。腫瘤の実体が生長発育するに伴って、別個に"炁態腫瘤(きたいしゆりゆう)"というのが生ずる。更に注目に値するのは、「"固態腫瘤"の出現以前に、"炁態腫瘤"は疾(と)うに密(みそか)に出現している」という事である。

　更に言えば、如何なる病であれ、発病初期には、常に"炁態病変"が出現する。"炁態病変"の時期は、人により無自覚であったり、現れる症状が小さかったりするが、仮令(たとい)症状が大きく現れた人であっても、病院で現代科学を以て作った儀器を用いても検出できない。それを用いて検出できる様になる頃には、"眞病(しんびよう)"が既に形成され、この時期に"眞病"を治療しようとしても、必然的に難度が増大する。

　吾人の生命は細胞より始まる。"炁先行"の道理に拠(よ)れば、啓粒子は"炁態細胞"形成の先鋒である。又、「人類の全細胞は総て一個の"炁態細胞"を伴って居り、絶えず生まれ死に、死に生まれ、そして"炁態細胞"から先に生長して来る」とも言う。

　我々は、人間の疾病は、炁態から形成し始める――「万病

巻四　青陽禪法修練で如何に健康を獲得するや

は炁に始まる」という道理を理解した後、充分に「意は炁を駆(ぎょ)す」という原理を利用する事が出来る。毎日我々は思念を用いて、新たに生れる細胞に修正を加え、これ等の新生の細胞に対して、健康の軌跡の儘(まま)に生長させる事で細胞の病変を防止し得て、人類をして健康長寿の光明大道へ向かわしめるのである。

しかし乍ら決して忘れてはならぬのは、「良い炁や健康な身体を保ちたければ、飲食を節制し、良からぬ食生活を改め、生活は規則正しく、適度に運動する等も非常に重要である」という事である。

四、交感及び副交感神経系統の双方向調節

青陽禪法修練に当たり、交感及び副交感神経系統の双方向調節を進め、陰陽平衡(へいこう)に至り、自律神経系統が正常な状態で働く様にして、人体を健康水準に保たせる。

吾人が青陽禪法を修練する過程に於て、人体の自律調節の仕組に就いて理解して置く必要が有り、この事は我々が認知と健康水準を向上させる扶翼(ふよく)と成るであろう。

（一）自律神経系統

　人体内には、生命の正常な運行を維持する爲、二揃（そろい）の自動調節機能が不眠不休で働いている。一揃は内分泌系統で、もう一揃は自律神経系統である。この二揃の系統はその働きの中で、相互に牽（けん）制し又幇（ほう）助する。

　自律神経系統は、人体の呼吸・心拍・胃腸・泌尿生殖・発汗・体温等の機能を制禦（ぎょ）している。ここでは呼吸系統・心臓血管系統・消化器系統・泌尿生殖系統・体温調節等を包含するが、これ等（ら）は皆自律神経系統に由りその責を負い管理される。

　自律神経系統とは人体の自主神経系統であり、又、植物神経系統と称する。

　自律神経系統は更に陰・陽一対（つい）の系統に分かれる。陽経系統は、交感神経系統と呼ばれ、陰経系統は、副交感神経系統と呼ばれる。人体が覚醒・活動或いは緊張状態下に在る時は、交感神経系統が主導的役割を担うのであり、人体が睡眠・静止或いは寛（くつろ）いだ状態に在る時は、副交感神経系統が主導的役割を担うのである。

　謂（い）わゆる自主神経系統は、大脳の制馭を受けない神経系統であり、これは一揃の独立して存在、完全に独立して作動する生命装置である。

　この自律神経系統が身体を管制する際、智能の統制を担う大脳の指令を経る必要は無くとも、大脳の前頭葉・辺縁系及び視床下部等の部位の協力を受ける。因（よ）って、人の意識状態

と情緒は均しく自律神経の運行に影響する。

　我々は既に自律神経系統が大きく二つに下位分類される事を知っている。一つは交感神経系統、もう一つは副交感神経系統である。異なる系統が刺戟を受けた場合、無論異なる反応と作用が生ずる。表一で自律神経系統が刺戟された後、人体のどの器官が反応するか参照されたい。

　系統の活動能力は、人体の"靈力"である。"靈力"は"七魄"に制禦される。従って"靈力"は、"七魄"の力であり、"魄力"と略称される。"七魄"は陰と陽一対に分かれ、"陽魄"は交感神経系統の運行を担い、"陰魄"は副交感神経系統の運行を担う。

　自主神経系統は一体全体どうやって自律しているのだろうか。以下の様に説明される。

　まずは出生時の"分野"である。野は即ち田野（field）である。分野は、地球上の時間帯と地区の区分であり、即ち何処に出生するかである。出生地に拠り、現地の正常な生活に適合する生物時計に"三魂七魄"を入力する。そうして眠るべき時に眠くなり、喰うべき時に喰いたくなり、醒めるべき時に目覚めるのである。仮にある原因でこの生物時計が惑乱されると、身体にはすぐに不快現象が現れる。この時の自律神経系統は、方向感覚を失い、新たに調節と改善を図る様になる。もしこの人が持続的に不規則に変化を繰り返すならば、彼の自律神経系統は完全に"懜"（訳註：駄目になる事）と成ってしまう。"懜"となった後、人体はすぐに病を発し得、

又これは「自律神経系統機能の紊乱(ぶんらん)」と言える。

表一　自律神経系統刺戟後、どの人体器官に症状が現れるか

器官	交感神経への刺戟	副交感神経への刺戟
心	心拍加速	心拍緩慢
肝	糖原が葡萄糖(ブドウとう)に変化	
肺	気管支の筋肉が弛緩	気管支の筋肉が収縮
胃	蠕(ぜん)動鈍化	胃液分泌、蠕動強し
小腸	蠕(ぜん)動減少	消化機能増加
大腸	蠕動減少	蠕動増加
膀胱(ぼうこう)	囊(のう)壁弛緩、尿道括約筋収縮	囊(のう)壁収縮、尿道括約筋弛緩
腎(じん)臓	尿液分泌減少	尿液分泌増加
腎臓腺髄質	正腎上腺素と腎上腺素の分泌増加	
唾液腺	唾液減少	唾液増加
口腔／鼻腔粘膜	粘液減少	粘液増加
虹彩（眼睛筋(がんせいきん)）	瞳孔拡大	瞳孔縮小

　自律神経系統は既に人体の各器官へと繋がっている爲、自律神経系統が紊(ぶん)乱すれば、万病を惹起し得るのである。であるから、「自律神経系統機能の紊(ぶんらん)乱、亦(また)これ万病の源なり」と言えるのである。

　自律神経系統は、更に一種の強力な機能を有する——自己防衞機能である。譬えるなら、多くの人がダイエットをしたいと望んでいて、多くの方法を模索したものの、どれも煩雑

巻四　青陽禪法修練で如何に健康を獲得するや

で、結果的に彼等は最も簡単で行い易い方法を選択する――断食(だんじき)と節食法である。この安易な方法は、自己防衛の神経を侵す以外の何物でもない。

　自律神経系統が一旦飢餓に襲われると、それは自己の身体が再び飢餓攻撃を受けるのを非常に懼(おそ)れて、直ちに自己防衛機能を展開し、饑餓後に食べた多くの栄養を貯蔵し、大部分を脂肪へと転化するのである。

　太りたい人は、自律神経系統の特長を利用すれば良い。飢餓時に運動し、運動後大量に喫食すれば、（逆の）ダイエット効果を得る事が出来る。

　自律神経系統の自己防衛機能に就(つい)ては、「体重を落としたい人は、空腹でない時に、大量にダイエット用の運動をするのが最も良く、反対に少量多食（回数）の方式で自律神経系統を"騙(だま)し欺(あざむ)き"、自律神経系統の"自己防衛機能"に安心感を生じさせるべきだ」と結論付けられる。

　つまり、自律神経系統は、規律ある方針に従って、自主的に働き、決して人の思考や意志に依(よ)って転移する事は無い。

　我々は充分に自律神経系統の各種の機能を理解する事で、これ等の機能を利用して自分自身の身体健康を保護せねばならぬ。

　人は皆広く流布するある言葉を知っている。曰く「己で己を欺く」。我々が自律神経系統の運行規律に就いて総て明確にした後であれば、時には少し無理をして、自己の自律神経系統を騙す方法にて、自己の身体機能を平衡させ、健康の目

的を達しても構わないのである。

（二）交感神経系統

　『史記・李將軍列傳（でん）』中に一条の故事が記されている。「廣（くわう）、獵（かり）に出で、草中（さうちゆう）の石を見、虎と以爲（おもひ）なして之（これ）を射、石に中（あた）り鏃沒（やじりしづ）むに、之を視るに石なり。因りて復更（またさら）に之（これ）を射るに、終（つひ）に能（よ）く石に入（い）らざりき」と。

　文中の大意は、「李廣は前方に一頭の虎が現れたのを発見した時、これが爲に彼を驚かしめ、一瞬にしてその交感神経系統を刺戟し、身体の多くの器官に急速な変化を発生させ、迅速に一矢を射出すると、矢先は驚くべき事に岩石をも穿（うが）ったのである。しかし、彼がその虎が只の石であると意識した後、再び石に矢を射ても、どうしても射通す事は出来なかった」これは、交感神経系統が亢（こう）奮状態に在ればこそ発揮出来る"攻撃或いは逃避反応"である。一種の自然反応であり、人の思念では制禦（ぎょ）し兼ねる者である。

　ある人の身体は、陰陽平衡が健康の基礎であるから、陰や陽に偏れば、病を発する。漢土の古人は良く言ったもので、約（つづ）めると「一漢方医たらんとするに、もし陰陽の道理を得ずは、是（これ）漢方医たる資格を具（そな）えず」である。

　交感神経系統は陽に属し、副交感神経系統は陰に属する。一個の正常に働く自律神経系統は、陰陽平衡の状態に在る。この時人体は、ある種快適で健康な状態下に在る。一旦"陽"

の指数が正常水準より高くなれば、"陽亢"となり、これは病である。

　李廣將軍が"虎"を見た瞬間、身体には"陽亢（こう）"が出現したのだが、この時の身体の状態は、一種の病態に置かれる。陰魄（ぱく）は陽魄（はく）が"陽亢"を出現させると、迅速に調整を行（おこな）ったと思われる。李廣の自律神経系統は正常である爲、一瞬にして"陽亢"の交感神経系統をして正常に恢復せしめたのである。自律神経系統が正常に恢復した後は、再び矢先を石に射込む事は出来なかった訳である。

　ある人の自律神経系統が、"陽亢"を正常に恢復させられなければ、その人は病気になる。

　"陽亢"というのは、自律神経系統の乱れもしくは失調である。

　交感神経系統の人体内での分布は比較的広汎（はん）で、略（ほぼ）全身に隈なく及んでいる。従って交感神経系統が失調すれば、人体に数多（あまた）の疾病をもたらすのである。

　交感神経系統の失調は人体に疾病をもたらすのであるが、その疾病もまた交感神経系統を失調させ得る。例えば、外傷等。

　人体の器官は固より交感神経系統と副交感神経系統に由り二重に支配されるも、少数の器官は例外で、これ等の例外的器官は交感神経系統に由り支配されるのみである。例を挙げると、皮膚・立毛筋・汗腺・副腎髄質と筋肉内の血管は、交感神経系統のみに支配される。

交感神経系統の失調が惹起する疾病は、具体的に三つに大別される。一つは交感神経系統の"陽亢"に由り惹き起こされるもので、一つは交感神経系統機能不足が惹き起こすもの、今一つはその他の病変が惹き起こすものである（例：外傷等）。ここでは、交感神経系統の"陽亢"と交感神経系統の機能不足と、この二つが惹き起こす疾病に限って紹介する。

　交感神経系統は、ある種の原因の為に刺戟を受けた後、亢奮に由り一連の一過性の綜合的症状が惹き起こされる。主に、「心拍加速・呼吸頻繁・血圧上昇・血糖上昇・周囲の血管の伸縮障碍・多汗・瞳孔拡大・眼裂増幅・眼球突出・眩暈・灼熱痛（causalgia）」等と表現される。これ等の症状が現れた時、ある時は、「嘔吐・流涙・流涎・顔面紅潮・尿失禁・意識障碍・視力減退」等を伴う。身体の別の平衡機能に由り（例：副交感神経系統の交感神経系統に対する制約）、一過性の綜合的亢奮症状は間も無く消え、身体は即刻正常の状態を恢復する。但し幾らかの人は、自律神経系統が故障した事に由り、交感神経系統に来たした一過性の綜合亢奮症状を消失させる事はならず、徐々に"陽亢"を形成して行く。

　交感神経系統の"陽亢"が惹き起こす疾病の症状は、大雑把に言って「頭暈・頭痛・微熱・焦燥・苛々・便秘・耳鳴・不眠・腰痛・羸痩・肥満・目眩・高血圧・五十肩・手脚の痛み・筋肉痙攣・胸部の圧迫感」等である。これ等の疾病は、啻に単独で出現するものではなく、多くの病症が複合的に同時に出現するものであり、これは交感神経系統の"陽亢"の特徴

である。

　交感神経系統の"陽亢"は、各種の長時間刺戟（環境素因）に由り引起される者以外にも、先天性の体質素因と心理素因をも包括する。譬えば、「仕事の重圧・学業の緊迫・家庭の負担・焦(しょうりょゆうもん)慮憂悶・婚姻問題」等。

　もう一つは、交感神経系統の機能不足で引起される病症である。機能不足は更に先天的不足と後天的不足とに分かれる。先天的不足は、遺伝的要因等、先天性の体質素因が致す所であり、後天的不足は環境素因で、心理的素因・疾病と外傷等が致す所の者である。

　交感神経系統機能が不足する事で、消化不良、食慾不振、副腎・甲状腺・垂体等の機能が減退し、発汗の減少或いは発汗の異常、悪寒、膚(はだ)が蒼白で艶(つや)が無い・乾燥・がさつき、毛髪脱落、爪が脆(もろ)く艶(つや)が無い、性慾減退・陰萎(い)、腹瀉(しゃ)或いは排泄異常、心搏(ぱく)緩慢、脈搏微弱、低血圧、頭暈、眼の霞み、耳鳴、倦怠感、焦燥、抑鬱、体型異常、顔貌(うつ)異常等の症状を招き得る。

（三）副交感神経系統

　吾人が生活する世界は、"陰陽間(おんようげん)"であり、正常な生活は、十二時間陽に過ごし、十二時間陰に過ごすが正常であろう。しかし我々現代人の生活はさに非ず、人類は電気を発見し、電燈を作り、夜の闇を白日同然に変えた。更に夜通し勉強・

娯楽・仕事をする者も居る。この様な生活は、我々の身体を陽亢状態に置いてしまう爲、亜健康の衆を生み出してしまう。

　陽亢を治す爲にする、副交感神経系統の毎日の仕事は過負荷である。

　副交感神経系統の主な働きは、瞳孔を縮小させる事で刺戟を減少させる事、そして糖原（glycogen）生成を促進する事で、エネルギーを蓄え、心搏を減速し、血圧を下げ、皮膚と内臓血管を拡張し、細気管支の筋肉を収縮、そうして無用の消耗を抑える。生殖系統を協助し、血管を拡張させ、性器官の体液分泌を増し、男性前立腺と女性陰道腺の分泌を促進、口腔と鼻腔の粘膜液の分泌を増強し、唾液・胃液・膵島素・膵高血糖素（glucagon、華語では升糖素と書かれる）と胆汁分泌及び胆囊収縮を増進すると共に、胃腸の蠕動運動を増強して、消化と吸収機能を増強する。更に膀胱囊壁を収縮・尿道括約筋を弛緩・泌尿液の分泌を強化、大小便の排出を促進させ、身体のエネルギーを保持する。胃腸平滑筋の緊張性の収縮が過度である際、副交感神経系統は逆にそれ等を管制して、抑制・平衡作用を促す。

　副交感神経系統は交感神経系統程分布は広汎ではなく、交感神経系統の様に応変能力が超強力ではないものの、人体はしかし平静状態に置かれた時、副交感神経系統が昂奮し、優位を占める事が有るが、この時食物の消化・吸収に有利と成り、因ってエネルギーを補給し、身体の健康を護り得るのである。

巻四　青陽禪法修練で如何に健康を獲得するや

　副交感神経系統は今一つ重要な機能が有る。通常は、皆に粗忽（そこつ）に扱われているが、副交感神経系統が昂奮状態に在る時、これは強力な人体器官の自己修復機能を有している。
　もし人の副交感神経系統が長時間虚弱状態に置かれれば、その人は"陽病"が現れる —— 即ち"陽亢"である、そして副交感神経系統が長時間過度の強壮状態に在ると、その人は多くの"陰病"を生じ得る —— 即ち"陰亢"である。"陰亢"の例としては、「嗜睡、全身の怠（だる）さ、精神萎靡（いび）不振、抑鬱（憂鬱や憂悶）」といった精神や心理的問題を生じ易く、自閉、低血圧、心搏低下、行動緩慢、反応遅鈍、濃過ぎる胆汁の分泌、消化が速過ぎる、大小便の増加、餓え易い、空腹後低血糖現象が現れる（立眩み・眼の霞み）、腎上腺・甲状腺・垂体等の機能の減退……。

（四）交感・副交感神経系統に対する双方向調節

　前述の内容を通じて、私達は、陰陽間に生き、身体は陰陽の平衡を必要とし、もし陰陽平衡ならざれば、陰陽失調、或いは陰陽失衡（しっこう）と称している。そうなると身体は病を得る。
　漢土の古人は「上は天文を観じ、下は地理を察し、中は人事に通ず」の基礎の上で、不断の実践を経た後、以下の様な結果を導き出した。曰く「陰と陽は、世界万物の基本属性にして、世界万物は生成、変化するが、一つとして陰陽変化の

結果ならざるは無し」と。従って、一個の修練者にとっては、陰陽理論を明らめるのが至って重要である。

　数千年来、陰陽学説は広汎に流伝して居り、諸分野で万目の綱に列せられている。

　『周易（易經）』に曰く、「一陰一陽之道と謂ふ」と。

　古代東洋病理学上では、何を以て病とするのか。『濟生方』に曰く、「陰に偏りて、陽に偏るは、之疾と謂ふ」と。

　治療学の方面では、『鯊溪醫論選』中に「天は陰陽・五行を以て生物を化し、醫は陰陽、五行を以て百疾を調治す」という一文がある。

　明代の傑出した医学者張景嶽は、「醫道は繁しと雖も、一言を以て之を蔽ふは、陰陽と曰ふのみ」と述べた。

　診断学の方面では、陰陽は"八綱"の首に列せられている。

　『黃帝内經』は「上古の人、その道を知る者は、陰陽に法る」と指摘する。詰る所、「太古の昔に、およそ成就した修練者が有り、皆陰陽学説を以て法則として禪修を指導したのだ」という事である。

　『黃帝内經』は又、「道は、聖人之を行ひ、愚者之に背く。陰陽に從へば則ち生じ、陰陽に逆らへば則ち死す」と指摘する。陰陽は一種の自然規律であり、一種の自然法則である。自然は道であり、道は自然に則る。古代の成就者は、皆陰陽規律に從って行動し、愚者だけが、陰陽規律に背く事を做すのみであるという事である。

　陰陽が斯くも重要であるからには、我等は如何に青陽禪法

卷四　青陽禪法修練で如何に健康を獲得するや

を利用して陰陽平衡を達せられるのだろうか。まず静功の修練を学習する ── 詰り、如何に寛ぎ（放冗）を体得し、それから徐に入静を体得する。寛ぎと入静は副交感神経系統を昂奮させ、交感神経系統を休ませられる上、自身の潜在能力を開発でき、また損傷した身体を修復できる。次に動功の修練を学習するに当り、動功は交感神経系統の正常な働きの能力を高め得て、人体の陽氣を上昇、濁氣を低下させる。

　動は則ち陽を生じ、静は則ち陰を生じ、動静相宜しく、陰陽平かに和ぐ。

　生命中では毎日、仕事と生活を終えてから、時間を作り、規律有り、律動有る青陽禪法の動・静の功を修練し、短期間の内に交感神経系統と副交感神経系統の双方向調節の効能を生む。

　身体が不健康の修練者は、最先に自分が"陽亢"か"陰亢"かを辨えられねばならない。"陽亢"は、禪坐（静功）を多く修練し、"陰亢"は、動功を多く修練する。もし辨え得なければ、「功夫は心有る人に負かず」に重きを置く必要は無く、時間の経過と熱心な修練とに伴って、身体は自然と調和する。

　青陽禪を修練すれば、健康は、陰陽は綱を総べ、綱と体は壮健となる方向へ向かう。

五、青陽身外身よりの扶助

　筆者は"未來佛宗教"の最初の教典『現代佛教の謬見より出でよ』の中で、初めて"拜通青陽身外身(はいつうせいようしんがいしん)"という"咒語(じゅご)"を示した。

　幾つかの"咒語"に就いては、その内容は一体何であるのか、私達は一生涯唱え乍ら、少しも明白でない。それでも我々は自ずと素晴らしいと思い、功徳(くどく)と法力(ほうりき)に満ちていると感じている。唸咒(ねんじゅ)は、そう素晴らしいものではないし、そうそう功徳(くどく)と法力(ほうりき)が有るとも言えない。特にいささかの思念も無い咒語を唸誦(じゅ)しても、信息を逓信する事は叶わない。この様な含蓄のはっきりせぬ咒語を念誦した所で、只の音波エネルギーに過ぎない。我々は、この音波エネルギーを利用して、心を調え、炁を調え、異なる発音を利用して異なる臓腑に調整を進行する事で、自己や他人に健康を獲得させられるのである。

　誰一人として解し得ぬ字句を唸じても、功徳(くどく)と法力(ほうりき)の上での意義が無く、従って有効な思念を発信できない。唸咒の意義は、主に自己の思念を発信する事で、もし思念を発信できなければ、それは取りも直さず法力・効能の無い咒語であり、この様な咒語は学ぶ必要は無い。"大根白菜"と念誦するのと同等である。仮に修心或いは禪坐の爲に入静するのであれば、まだ"大根白菜"と念誦する方がましである。なぜか。不可解な咒語を念誦した爲に、八割方の人は邪霊(じゃりょう)を招く。俗

に"招邪"と称する。これ等の"招来せられた邪"は、処理する事が出来なければ、家内に棲付き帰らぬ事もある（なぜなら招来されたからである）。身辺に纏わって、一家人の身体健康に直接影響する（彼等は邪炁であり、あるものは我々の体内の眞炁を密かに吸い取るからである）。甚だしきに至っては、"幻聴・幻覚"が現れ、人体の精神衛生と心理の健康に直接影響する。深刻な場合、家人の仲にも影響し、延いては附体現象も現れる。

この手の錯誤が発生する原因は、伝統の佛法は外来のものであるから、"咒語"は翻訳できない。原文を伝播させようと決めたばかりの人は、思念を使用する事を知っていたが、漢土に伝わってからは、"思念"という主たる内容を失ってしまった。

ある人は、「やはり佛號を唸ずるのが良い、いかで"拜通青陽身外身"と唸ぜねばならないのか」と言う。この問題に関しては、我々が何を得たいかを考慮する必要が有ろう。もし我々が、念佛持咒を通じて功徳を得たいならば、それは不可能である。念佛持咒には功徳が有るものではない。もし我々が念佛持咒に頼って佛淨土に往生せんと欲しても、それは不可能で、佛淨土に往生するには資格の評定を経る必要が有る。災難は業報であり、佛陀の法力は定業を除き得ぬが故である。念佛持咒を通じて各種の加持を得んと欲しても、それも不可能である。名号を唸じたり饗応して加持を請うても詮無き事であるし、請わねば固より一顧だにされぬ。佛は衆生

に対し平等であり、佛は凡夫ではないからである。我々が念佛持咒を通じて生霊を超渡¹したければ、全く以て不可能である。昇格したいという願望あるいは問題を抱え、これを処理する要のある生霊でなければ超渡を必要とせぬ爲である（その他は、専門管轄部門が随時処理する）。これ等超渡を必要とする生霊は有縁人が功徳を分けてくれるのを待っている。私達はどうして功徳を生霊等に分けて遣る事が出来ようか。佛とて自己の功徳を彼等に分けて遣る事はない。佛は衆生に対して公平なのである。

　それでは、念佛持咒は、どんな効果を期待できるのであろうか。「一念を以て万念に代え」、静心に到り、心を修め性を養い、"一心不乱"の層次まで唱えられ、禪定の霊験を獲得できる。念佛持咒は更に幾許かの悪業に鳧を附けられるが、佛が解決を援けるのではなく、自身に依って解決するのである。

　なぜ幾許の悪業に鳧を附けられるのか。長時間念佛持咒をするのは無味乾燥であるから、忍耐と定力が必要とされる。例えば、人が病を得るのは業報であるが、運動は幾らかの病を医す事が出来る。なぜか。運動は苦痛であるからである。念佛持咒と運動は業を了える事に就ては、大差無いからである。

　一個の生霊が成佛してからは、二度と報身する事は無く、

1　仏教・道教に於て僧侶・道士に布施する、読経、神仏招請等の行為により先祖や生霊の生前の罪業を贖い、冥福・福報を得る事。

巻四　青陽禪法修練で如何に健康を獲得するや

唯法身・應身そして化身有るのみである。再び陰陽間に転生する事も無く、凡人の身体を以て凡人を渡す。佛陀の慈悲に由り、猶これ等憐れむべき衆生を心に掛け、故に佛陀は引継ぎのものを覓め、衆生を済渡する仕事を後継者へ引継ぐ。それでこそ、この佛陀は安心して"引退"できようというものである。

　これ等の引継者は、"十地"の旅程を終えたとはいえ、未だ"等覺"ステージに入って居らぬ大菩薩である。

　我々はこの世界に於て、目下引継ぎに来る大菩薩は、全部"青陽機構天"（敎典①二九七頁）に住まう。これ等の"未來佛"は衆生を苦海から罷脱せしめる爲、双肩に弘法の大業を負うている。

　"青陽"を始めとする"法身團隊"は、佛陀の仕事を引受けて、衆生の済渡を開始する。"末法期"に、正法を伝えるのはむつかしい爲、"青陽法身團"は、上級管理機関に"特赦令"を申請する。即ち、"拜通青陽身外身"と念誦するだけで、即刻その信号は"青陽法身團"本部へと送られ、本部は念誦者の意図を知り得てから、直ちに法身を派遣し、"超光速"を以て念誦者の座右に至らしめ、念誦者を幇助できる様にするのである。念誦者が発する思念は光速であるが、"青陽法身團"本部が情報を受取ってから成す一切は、総て超光速である。因って、一切の処理は皆瞬く間に完了する。

　今私達の世界では、"菩薩の名号"を念誦した者であれ、"佛号"を念誦した者であれ、"被念誦者"が情報を受取ってから、

事を処理しようと欲すれば、最終的には"青陽法身團"へ移管して処理する事になる。故に智慧を絞って"拜通青陽身外身"を唸ぜず、他の佛・菩薩の名号を念誦するのは、誠に近きを捨て遠きを求むる所業である。

　"青陽禪法"の修練者として、"拜通青陽身外身"を念誦する時、"青陽法身"は、"光を超える"速度で、修練者の頭上や身辺に到達し、修練者の爲に力氣を加持する事で、修練者に労半ばにして功二倍する効果を与えられる。

　末法期であり、"特赦令牌"を手にしているから、"青陽法身團"は、まさに給功・送功・帯功等の方法を採用し、悟りを開かん、修行を渇望せんとするそれ等の生霊(しょうりょう)を健康の楽園へ導き、智慧の彼岸へと出航せんとする大法船に乗せるのである。

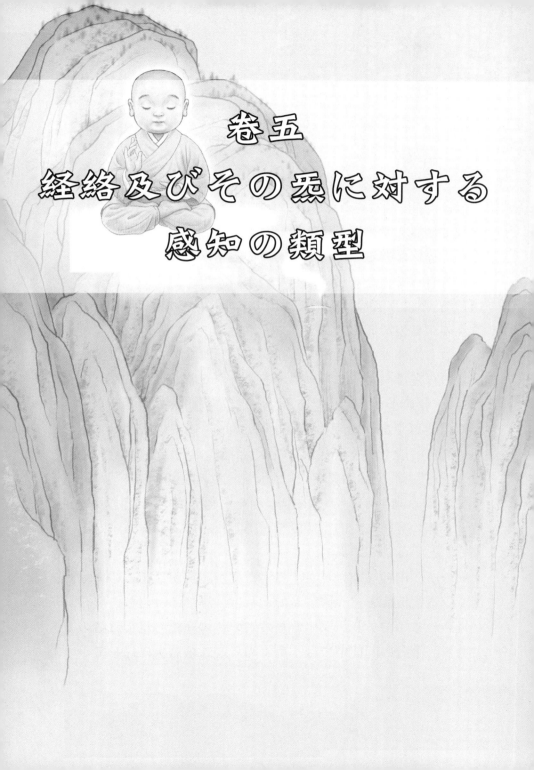

巻五
経絡及びその氣に対する感知の類型

一、経絡

　炁(き)は、手で触れられず、眼にも見えない。経絡(けいらく)もまた然(しか)り、肉眼では見えず、探し出せない。古今東西、果して炁は有るのか、経絡は有るのか、侃々諤々(かんがく)の論争が続いて居る。双方に各説有って、ある者は「有り」、ある者は「無し」と言う。「有り」と言う者は、証拠を提出できずに居る爲、「無し」と言うのが有力である。

　もしも人体と経絡と炁の存在が信じられないなら、霊魂(れい)と法身(ほっしん)の存在は尚更信じられぬであろう。これが典型的な"斷滅見(だん)"(教典①十八頁)である。

　四百年以上前、治学の権威李時珍は、「内景の隧道(ずいどう)は、唯(ただ)返り觀(み)る者能(よ)く之(これ)を照察するのみ」と述べた。ここでいう"内景の隧道(ずいどう)"は、人体の経絡を指す。そして"返り觀る者"は、修練を積み素質が有り、内視機能を習得した人を指す。畢竟(ひっきょう)「人体の経絡は、内視機能を習得した者のみが見る事が出来る」ということである。

　実の所、内視機能を具有する人だけが経絡が見えるのではなく、透視機能を持つ修練者であれば、誰であれ自分の経絡が見られるのであり、又いかなる者の体の経絡も見られるのである。筆者の門徒中では、多くの者がこの層次に達している。

巻五　経絡及びその気に対する感知の類型 45

（一）経絡の意義

　一人の修練者にとって、"経絡学説"を信じ理解するのは非常に重要な事である。古代漢土の修練者は、「經絡は、生死を決し、百病を處し、虚實を調ふ。通ぜざるべからず」と言った。経絡が通暢すれば、人体は健康で、生命力は強く、経絡が壅かれれば、人体は病を発し、生命力は下がり、乃至は死亡する。人々は一旦経絡の作用及びその運行状況と規律を明らめれば、経絡と穴位を通じて人体の調整を進められ、人が万病に罹らぬ様に出来る。縦ば病を得ても、経絡と穴位の調整を通じて、病を患った体を恢復させる事が可能であるる。

　人体の経絡は都市の上下水道の仕組にも似て、給水と排水が正常であれば、都市住民の生活も正常である。給排水どちらかに問題が起これば、住民の生活は混乱と危機を迎える。従って、人体の必需の経絡は、必ず通暢を保持せねばならぬのである。

（二）経絡の分類

　経絡は、"經脈"と"絡脈"の総称であり、"經脈"は縦軸の主幹で、"絡脈"より太く、"絡脈"は"經脈"の枝流（方向は横だったり斜めだったりする）である。"經脈"より細く、"網狀"であるという意味を包含している。

　人体内では、経絡が縦横に交錯し、全身に網狀に遍在して

居る。浅きは皮膚から、深きは臓腑迄、在らぬ処は無い。
　それぞれの経絡上には、多くの表皮部位へ通ずるツボが分布しているが、これが良くいわれる穴位である。これ等の穴位を刺戟する度に、人体はいささか特殊な感覚を受ける。例えば、怠さ、痺れ、脹み、軽み、重み等。それから一定の伝達経路に沿って行く。この"伝達経路"こそが人体の経絡である。
　"経脈"中の十二経脈を以て主体とし、この外、奇經八脈・十二經別・十二經筋と十二皮部が有り、"絡脈"は十五条の大絡及び数多の数え切れぬ"浮絡"と"孫絡"を包括している。図一を参照されたい。

（三）経絡と五行の燮理

　更に深く理解したければ、経絡と陰陽五行（金・木・水・火・土）の関係を知る必要がある。経脈・絡脈・經別・經別及び奇經八脈は、均しく陰陽二類に分れている。中でも十二経脈は陰陽二類の別のみならず、それ等はその帰属する臓腑と五行の相配に依る別がある。
　それ等の相関関係を示すと、図二の様になる。

（四）経絡の陰陽関係

　経絡と陰陽の関係を理解するのは至って重要である。

巻五　経絡及びその気に対する感知の類型 47

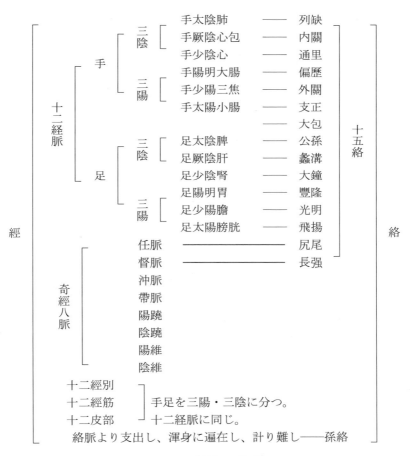

図一　経絡の仕組

　十二経脈が属する絡脈・經別・經筋等は、十二経脈と同じく、陰陽相互の対応関係が存在する。奇經八脈中の任脈（任脈に属する絡脈を含む）・沖脈・陰蹻・陰維は均しく陰に属し、督脈（督脈に属する絡脈を含む）・帶脈・陽蹻・陽維は均し

図二　十二経脈と陰陽五行の対応関係

く陽に属する。

　経絡系統は、基本は陰陽を基(もとい)に命名されたものである。世界の一切の事物は皆陰陽二方に分かたれるのであって、二者の間は、有分(ぶん)有合(ごう)で、互いに関聯(れん)しているのである。経絡の命名には、この様(よう)な意義が含まれるのである。陰陽がその変化の過程で、盛衰と消長(しょうり)の摂理に拠り、一陰一陽より三陰三陽を衍(えん)化(か)する。互いの間に対応関係（表裏一体）を有し、具体的には図三の様になっている。

図三　経絡の陰陽関係

　図三でいう"太"は、大より更に大であるという意味である。陰気大盛なるを太陰、陽気大盛なるを太陽という。"少"は、年少にして未だ長ぜざる意である。陰気は初めに少陰として生じ、陽気は初め少陽として生ず。"厥陰(けついん)"は、陰気が衰

微し始めたのを象徴し、"一陽"已に生じたという事である。"陽明"は、陽気が衰微し始めたのを象徴し、"一陰"が已に生じたという事である。陰気の盛衰循環規律に従って、順に少陰・太陰・厥陰と序列される。そして陽気の盛衰循環規律も、少陽・太陽・陽明と序列される。

　三陰三陽の名称は、経絡の命名に広汎に応用され、経脈・經別・絡脈・経筋も皆斯くの如し。それ上肢内側に分布するのは手三陰で、上肢外側のが手三陽である。下肢内側に分布するのは、足三陰で、下肢外側のが足三陽である。手足（上肢と下肢）の陰陽の命名より、経絡学が言う形成と四肢の関係が非常に密接であるのが見て取れよう。図四参照。

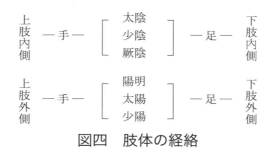

図四　肢体の経絡

（五）流注と交接

　十二経脈の趨向は、上りと下りの別が有り、謂わゆる"脈行の順逆"である。正にこの様な順逆の運行は、十二経脈の間を秩序正しく連ねて、"環の如く端無き"流注関係を構成している。この流注関係の特長は逐次逓伝される事で、具体

的状況は図五に示した通りである。

```
      ┌─ (1) 手太陰肺經  ─手次指端→  (2) 手陽明大腸經 ─┐ 鼻
      │ 心  (4) 足太陰脾經  ─足大趾内端→  (3) 足陽明胃經  ─┘ 旁
肺 ─┤ 中─ (5) 手少陰心經  ─手小指端→  (6) 手太陽小腸經 ─┐ 内
中    │ 胸  (8) 足少陰腎經  ─足小趾端→  (7) 足太陽膀胱經 ─┘ 眦
      │ 中─ (9) 手厥陰心包經 ─手無名指端→ (10)手少陽三焦經 ─┐ 外
      └─ (12)足厥陰肝經   ─足大趾外端→ (11)足少陽膽經  ─┘ 眦
```

図五　十二経脈の流注と交接(こうしょう)

　流注の関係より経脈の趨向が分かる上、経絡の間の幾らかの分岐が、兩經間の連結を橋渡ししている事が分かろう。

　それ等の間が相互に嚙(かみ)合っている状況は、陰經と陽經が四肢部分で嚙(かみ)合って、陽經と陽經が頭・顔面部で相接し、陰經と陰經が胸腹部で交接(こうしょう)するとされる。

（六）経絡の表裡関係

　十二経脈と臟腑間の関係は、「内は臟腑に属し、外は肢節に絡む」（内外相応、臟腑と肢節は互いに"属・絡"の嚙(かみ)合い）他にも、又、經別・絡脈を通じて互いに行き交(か)う。この他(ほか)、陰經は臟に属し、陽經は腑に属するが、臟腑は互いに組合わせられ表裏に分かれるから、陰經と陽經も表裏の分を有する。但しその等は截然(せつぜん)と分解できるわけでもなく、協調一体の関係にあるのみである。この関係を説明する爲に、特別に"表裏相和"理論を提示する事にする。經別と絡脈は、表裏兩經を橋渡しするに限らず、それ等の関係を増強するので

ある。古人は五行学説を結合させてこの相合関係を講述している。経脈・臓腑と五行の相関は表二で示す通りである。

表二　経脈・臓腑と五行の相関

属する腑	陽經（表）	五行	陰經（裡）	属する臓
大腸	手陽明	金	手太陰	肺
膀胱	足太陽	水	足少陰	腎
胆嚢	足少陽	木	足厥陰（けつ）	肝
小腸	手太陽	火	手少陰	心
胃	足陽明	土	足太陰	脾
三焦（さんしょう）	手少陽	相火	手厥陰（けつ）	心包（しんぽう）

（七）子午流注

"子午"は時間を指している。"十二地支"は時辰（じしん）を表し、"子"（ね）は一番目の時辰（夜半十一～一時）である。"午"（うま）は七番目の時辰（日中十一～一時）である。日中は午刻に在（あ）って陽気最も盛んにして、以後陰に転ずる。故に午刻二つ（午時一刻）（うまのこく）は陰の始めである。夜半は子刻に在って、陰極まり、以後陽に転ずる。故に子刻二つ（子時一刻）（ねのこく）は陽の始めである。子刻から午刻迄六つの時辰内に、暗より明に転じ、冷より熱に転じ、陽気生長と陰気衰退の過程を表す。午刻より子刻に至れば、熱より漸（ようや）く冷え、明より暗に至り、陽気衰退と陰気漸盛（ぜんせい）の過程を表す。であるから、"子午"は"陰極、陽を生ず"・"陽極、陰を生ず"、即ち陰陽消長転化の意を包含し、

陰陽の起点と境界線を表している。或いは「"子時"と"午時"は陰陽相交わる時」という。従って、"子刻(ねのこく)"や"午刻(うまのこく)"に禪法を修練するのを好む者も有る。これを子午功という。

　子午流注の"流"は流動、"注"は灌注(かんちゅう)(つぎそそぐ)である。子午流注に於て、"流注"は人体内の気血が経脈中を循環するのを指し、水流の如く流れ行き灌(そそ)ぎ込む。この流れと灌ぎは、必ず自然界の日時変異の影響を受ける。即ち"子刻"より"午刻"へ、"午刻"より"子刻"へと、時間と共に変化して周期性の盛衰開合が出現する。開の時は気血が盛んで、合の時は気血が衰える。盛衰開合の時機を掌握すれば、禪法を利用して人体の疾病を調理[1]できるので、大いに有益である。

　『内經』に拠れば"人と天地の相応"の内外全体観及び陰陽相合・剛柔相配・五行相生論は、"天干"と"地支"の変異規律を運用し、人体の気血が経脈中での昼夜循環・流注・盛衰・開合の時機が推算できる。

　子午流注は"納子法"と"納甲法"の二種類に分かれて居る。"納子法"は単純に"地支"の演変規律に則り推算したもので、"納甲法"は"天干"に"地支"を結合した演変規律に則り推算したものである。ここでは"納子法"を紹介するに留める。詳細な"流注"時辰は表三を参照されたい。

　表三の推算に拠って、我々は既に人体の気血の具体的"流

---

[1] 本書では「調理」という語は、「ととのえおさめる／ととのいおさまる」の意で使っている。

注"時間を知っている。

では、我々は如何に禪坐を利用して身体を恢復させれば良いのであろうか。例を挙げてこの問題を説明すると、ある人が肝臓が悪かったとして、禪坐を通じて調整を進めるとする。当然ながら、どの時間に禪坐しても身体には有益であるが、特に肝臓に対する調整を強化する爲には、必ず臓腑の盛衰開合、そして勿論子午流注にも気を配らねばならない。

表三に従って紹介すると、丑刻(うしのこく)の"流注"は肝臓に至るのであるから、"夜半後"一～三時に禪坐を進める。

こうした方法を利用して身体を調整すると、日頃から思わぬ成果が期待できるであろう。

表三　子午流注 ── 納子法

子(ね)	丑(うし)	寅(とら)	卯(う)	辰(たつ)	巳(み)	午(うま)	未(ひつじ)	申(さる)	酉(とり)	戌(いぬ)	亥(い)
二三～一	一～三	三～五	五～七	七～九	九～十一	十一～十三	十三～十五	十五～十七	十七～十九	十九～二十一	二十一～二十三
胆嚢	肝	肺	大腸	胃	脾	心	小腸	膀胱	腎	心包(しんぽう)	三焦(さんしょう)

二、経絡の炁に対する感知の類型

　経絡と炁は皆目に見えず、触れられぬ物である。とは言え、少なくない人が炁の体内での運行を感じている。

　同一の教師が授業をし、同一の道場で修練、同様の禪法を修めても、何故感じ取れる人と感じ取れない人が居るのだろうか。何故感じ取れる人は、おのおの感覚が異なるのであろうか。これは各人の身体の状況が同じくない爲である。専門用語で言う所の「人ごとの経絡霊敏度が異なる」である。

　経絡霊敏度というのは、一個人の経絡の炁に対する感知能力である。この感知能力の高低は、人体経絡の霊敏の程度であり、経絡霊敏度と略称される。

　一人の修練者として、自分の経絡の霊敏度を理解して置くのは重要である。

　禪法を修練して感じ取れた人は、益々興味が湧くものであるし、又長期に亙り真面目に、刻苦修練しても、猶(なお)感じ取れず仕舞いに放擲(てき)してしまう人も有る。経絡の奥秘を理解して居ない爲、修練の放擲(てき)を招くのは、実に惜しい事である。

　又、修練者によっては、修練の過程に於て、身体には多くの"奇異"が表れる。これ等の"奇異"現象は、実の所、経絡が炁に対して生ずる反応で、良い現象である。即ち経絡を疏通する正常な現象であり、功効であり、良い効応である。これ等の人は経絡に就いての智識を具えない爲、逆にこれ等(ら)

巻五　経絡及びその炁に対する感知の類型　　55

の"奇異"現象に恐懼し、これより後(のち)、修練を已(や)め、好機を逸し、大過を鑄(ちゅう)造する事になる。

　経絡霊敏度は全部で五種類に分かれる。

（一）超霊敏型

　ある人が、出生から成年に至る迄、虚弱体質であったとする。例えば、度々風邪を引いてしまい、毎度流行性感冒に罹るのが恒例行事である様な人。この様な人の身体は、経絡が非常に開放している類で、経絡は非常に霊敏である。良からぬ環境或いは一種の"病炁"に対して、普通の人が感ぜぬのに、彼は既に感じ取って、仕舞いには堪え難くなったりするのである。この人(ひと)は常に薬を服(の)み、医者に掛るので、「大病は犯(おか)さざるも、小病は断(た)たず」といわれたりする。

　現代医療の方法では身体を健康状態へと調整できない爲、民間で此方彼方(こなたかなた)で医師を尋ね薬を問い、乃至は氣功を練り、宗教等を信ずる。彼等が一旦禪法（含氣功）に接すると、程無く常人が感ぜられぬ感覚を感ぜられる様になる。例えば、「怠さ・痺(しび)れ・脹(むく)み・痛み・冷たさ・熱さ・大きさ・小ささ・浮き・沈み・痒(かゆ)み・動き・泣き・笑い・説(と)き・唱(とな)え」等の現象である。ある者は"奇特機能"が現れる。例えば、画像を見て、他の空間に居る生霊と対話できる等である。これ等の現象は、皆正常な修練現象である。なぜなら経絡の霊敏度が高過ぎる事に起因するからである。この人は、一旦自分と縁

の有る禪法に触れれば、多くの疾病は薬を用いずして癒える。これは、正炁が経絡を占領し、病炁を放逐した後、生ずる効能である。これは非常に良い現象且つ有難き良性の効能である。

以上の様に、経絡超霊敏型の人は、修練の隊伍に有難き人材であり、骨幹を成す得難い力量であるから、重点的な育成に値する修練者である。彼等は生れ乍らにして道を悟り修める定めに在り、一度(ひとたび)悟れば、"超能力"を手にし得るのである。超霊敏型の人は、機能型の修練者に属する。彼等は機能を利用して、他人の爲に"多維空間"の事を講釈し得て、導師を裨(ひ)補して他人を渡化できる。

(二) 霊敏型

霊敏型の人と超霊敏型の人を比較して見ると、類似の点が沢山(たくさん)有り、基本的に大同小異である。ただ超霊敏型の人程速く来ないだけである。

例えば二人の朋友(ほう)が共に修練するとして、"甲"は超霊敏型、"乙"は霊敏型である。最初の授業の時、"甲"は大いに動(とよ)みて已まず、泣・笑等の現象が現れるが、"乙"は瞠目(どうもく)して"甲"を見て奇怪(きかい)だと感ずる。終了後、乙は甲に好奇を以て何事か、嘘か真(まこと)かと問う。三回目の授業で、乙の霊敏度も向上して、炁の存在を感じた上、良性の反応が多く現れる様になる。超霊敏型の反応程強烈ではないものの、生ずる感覚は多かれ少

巻五　経絡及びその炁に対する感知の類型

なかれ総てに現れる。

　霊敏型の人は、機能型の人で、前世でもまた修行者であった。只輪廻転生した家の先祖の遺伝子の要因に因り制限が課せられているだけである。一定時間の経絡調理を経て、身体の経絡構造は変化を生じ、禪修を立派に成就するのである。

（三）低霊敏型

　低霊敏型の修練者の場合、少しも感覚がない訳ではなく、常にいささか微弱な感覚がある。この微弱な感覚は、注意深く体感しなければ、或いは人が詳しく講釈しなければ、彼等は体感できない。しかしこれは力氣が体内に凝集していないのを意味するのではなく、経絡霊敏度が低い爲、炁が体内で運行して居るのを感じ取れないだけである。

　この様な低霊敏度の修練者が、霊敏度の経絡を獲得したいなら、必ず長時間の密集練功を経なければならない。一定時間の密集練功を経ると、経絡霊敏度は自然と上昇する。

　譬えば、二千五百年前、釋迦牟尼佛が在世の頃、膝下には多くの門徒を抱えて居り、ある者は早くに神通を発揮し、道心堅固にして、他に移らず佛陀を信ずると堅く誓った。ある門徒は、経絡霊敏の類型が異なる爲、短期間内には何ら反応が無い。茲に彼等は佛陀を訪れ、佛陀の理論に就いて懐疑を呈して、佛陀の許を離れ、還俗退道の意志を持った。

　佛陀は彼等の考えを聞いた後、彼等に人体の構造を講釈し

て、如何に集中して長時間禪坐を維持するか教導する。幾人(いくたり)かをして、終夜不眠で樹下に久しく坐らしめ、払暁(ふつぎょう)迄趺坐(ふざ)せしめる事さえあった。

　佛陀の指導の下(もと)、長時間の密集禪坐を経て、これ等低霊敏型の門徒は相次ぎ神通を獲得する。彼等は親しく宇宙の実相を見、佛陀の講ぜられた法が正確無謬(むびゅう)であるのを検証し、宇宙人生の眞理を徹悟したのである。これより退道還俗を想わず、道心堅固、一心に苦修し、即身涅槃を成就するに至ったのである。

　経絡霊敏度が低いのは問題ではない。鍵を握るのは修練方法である。必ず自身の身体の状況を理解し、神通を具える師父が良く一定の指導をして下さるならば、全く難関を突破し得るであろう。

（四）遅鈍型

　数多くの禪法を研究・修練したが、数年の修練を歷(へ)ても、猶(なお)"炁感"が無い人も有る。炁の体内での運行、経絡がどんな感じであるか全く知れない。それで「禪修は炁を修練するに非ず、炁は存在せず、禪修は単なる放鬆(ほうしょう)・瞑想に過ぎない……何某(なにがし)の炁を修練するのではない」と考える人も有る。

　世の中には、多く人知れぬ事物があるもので、人が知ると知らざるとに関らず、それ等は存在する。そればかりか、絶えず運行し変化して居るのである。

遅鈍型の修練者は、経絡の壁が人より分厚く、微量の炁ではその経絡に刺戟を与えられない爲、炁の存在を感ぜられぬのである。これは、人体の酒精に対して起す反応に似て、酒をしこたま飲んでも、顔が赤くならない人も居れば、ちょっと飲んだだけなのに、直ぐに真っ赤になる人も、全身の膚が赤く成る者すら居る。これは、人によって肝臓の機能が異なる爲起こる事である。

　霊敏度が高い修練者は、機能型の人材に属し、一方遅鈍型の修練者は、功力型の人材に属する。遅鈍型の修練者の体内には、深厚なる力氣が蓄えられ、一旦内炁を放出するに至ると、人の身体を調整・経絡を疏通するのを扶助し、強力な内炁の作用の下(もと)で、往々にして思わぬ効果を得る事も有る。

　遅鈍型の修練者は、経絡が閉じている爲、色身は日常生活に於て、比較的健康で、感冒(かんぼう)に罹る事も少ない。遅鈍型の修練者は、前世に良く修練し、そして前世の法身(ほっしん)の果位を擁する。ステージが高いので、俗世で生活する際には、肉体憑依（附體）現象が現れる事は少ない。

　経絡が遅鈍(ちどん)であろうと急(せ)く事は無い。明師が正確に指導し、加えて長期間倦(う)まず修練を堅持しさえすれば、内炁放出の際、直ちに自身の能力に気付くであろう。

（五）突変型

　遅鈍型の修練者の中には、"突変型"と呼ばれる経絡の類

型が有る。突変型の人は、修練を始めたばかりの頃は、何ら感覚が無く、遅鈍型の隊伍に区分される。一定時間の修練を経て、何某(なにがし)かの機縁の下で、その経絡霊敏度が突然変化を起し、元来感覚が無かったが、突然に全く現れる。これより遅鈍型の列伍(れつご)から出て、霊敏型修練者となる。この類型の経絡は"突変型"と称される。

　突変型の修練者は、大器晩成に属する。一度(ひとたび)経絡が型を転ずると、吉祥(きっしょう)の現象が多く之(これ)に伴って来て、自己の道心を安定させ得(う)るばかりでなく、他人が扶(たす)け導かれる。取分(とりわ)け親友畏友(いゆう)であれば恐らく得渡できるであろう。

　一人の誠心誠意の修練者は、自己の経絡の状況を理解しさえすれば、熱心・長期の密集修練を通じて、方法が正確であれば、きっといつの日にか、知らず知らずの内に大収穫が得られるであろう。

卷六
青陽禪法概論

一、氣功とは何ぞ

太古の時代、世界には氣功という詞は無かった。

太古の時代には、以下の流派の修練方法が有るのみであった。

道家の煉丹は、丹に内丹と外丹の区別有りとする。道家は物質を組成する基礎力氣は炁であると考えるから、修道の基礎は丹田に炁を聚める事である。道家は、この炁を煉る方法を幾つかの領域に帰納したが、主に吐納・導引・打坐・站椿・胎息・辟穀食炁・長生不老術等が有る。

民間に瑜伽・催眠・巫術・武術・民俗・錬功等。

佛教ならば禪修・禪法を主とする。

基督教に避静有り。

儒家に養生静坐等有り。

帰属の上では佛・道・医・巫・武・儒・民間等が有れども、広汎に伝わり、成就が抜きん出るのは、やはり佛家と道家の功法が主流を占める。

千七百余年前、晉代に許遜という修道者有り、頗る修練の心得が有り、著書で説を立て、書中で煉氣に就いて言及した。大意は、「煉氣術と修徳を通して、体内に変化を引起すのは既に"道氣功成"の程度に達したのである（ここで当時氣功を成すという詞が存在しなかったのが容易に見出せるが、氣功という詞がここに端を発するとするのは、憖かに牽強付会

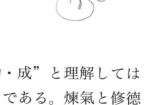

であろう)」。道氣功成を、"道・氣・功・成"と理解してはならない。"道氣・功成"と理解すべきである。煉氣と修德の内容が有るとはいえ、"氣功"という詞でこの内容を定義して居ない(爾後これを考証した学者が有って、後世に許遜の名に仮託して気功という詞を推したらしい)。

晉・隋唐朝の頃、氣に言及する人が現れる。例えば、『氣訣』・『氣經』等の書中に如何に氣を練り用いるか講述されて居る。『氣經』中では、多くの練氣と用氣の方法が講述され、そして外氣を放出する方法を講釈したのであるが、これを古人は"布氣(きをしく)"と称した。

宋朝に至り、煉氣の論述は一層の発展を見せた。

連年の戦乱の爲、武を練る者が増え、武術界では徐々に少林と武當の二大流派を形成しつつあった。清朝末期に至り、武當と少林は共に書籍を鉛槧に附するが、中でも少林派の著作『少林拳術祕訣』に於て、「氣功闡微」と称する章が、専ら氣功を講述して、明確に「氣功の説は二いろ有り、一は養氣、一は練氣」と指摘している。

中華民国初期に至り、氣を練る者が増え始める。一九三一年に王竹林は『意氣功詳解』を上梓し、これは直接氣功を書名に冠した一書である。当時多くの漢方医が佛家と道家の功法に関り、並びにこれ等の功法を医療上で運用し、"氣功療法"と名附けられた。"氣功療法"という詞は、董浩が最初に提出したものである。一九三四年に董浩は『肺癆病特殊療法──氣功療法』を出版した。一九三八年に至って、方公溥

は"公溥氣功治療院"を創建すると共に、『氣功治驗錄』という本を出した。氣功という詞は、既に正式に使用されて居たとは雖も、普遍的に取入れられては居なかった。

　五十年代初期、中華人民共和国では医師・薬品が缺乏、医療は立遅れていた。河北省威県大寺莊に劉貴珍先生有り。深刻なる胃潰瘍と慢性疾病とを患う。長期間病魔に苛まれ、悪い事に不眠症も患ってしまった。病の患いを除こうと民間で各処で方法を探した。人伝に、本郷の農民劉渡舟と知合い、劉渡舟を師として、劉貴珍に"内養功"を伝授せしめた。劉貴珍は誠心誠意劉渡舟に師事して"内養功"を鍛錬し、真面目に修練する事百二日、彼の胃潰瘍は快方へ向かい、その他の疾病も同じく軽減された。劉貴珍は又、この方法を他の病者に伝授すると、これ等の病者にも治療効果が現れた。

　劉貴珍の方法は河北省衛生庁の重視と支持を得て、この方法を利用して医療の不足を補うものとした。しかしこの方法は、基本的に宗教と関りが有る。当時の情況下では、政権党は無神論者であり、宗教的方法を用いて伝播させる事は不可能であった。封建的迷信及び宗教の境界を劃定する爲、須らく一個の"すっきりした"名称を選定しなければならず、さも無ければ、「名正しからず、言順わず」となり、上に詳細を報告して、裁可を得る事が出来なかった。諸宗は度々会議を開き、熱心仔細に研究し、最終的に"氣功"という詞で以て有らゆる功法を概括するとした。

　河北省衛生庁の同意と支持の下、劉貴珍先生は自身の臨床

経験と修練の心得を纏めて整理し、『氣功療法實踐』なる書を出版発行した。

　この民間から発掘された、焼香せず、拜跪せず、供仙せず、拜佛せず、迷信せず、宗教ならず、服薬せず、注射せずの健康獲得法は、間も無く中国衞生部の重視を受けた。一九五五年十二月に当局は北京で劉貴珍に賞状と賞金を授与する。何社ものメディアが挙って報道した事により、劉貴珍及びその"氣功療法"の名声は轟く所となった。氣功教室が全国で次々に興り、最初の氣功鍛錬ブームを巻き起こした。

　一九五六年、国家投資に由り初めて氣功療養院が創設——これが北戴河氣功療養院であるが、劉貴珍は院長に就任する。国の要人達も陸続と氣功を練習したのである。例えば、劉少奇、陳毅、林伯渠、謝覺哉等。彼等は氣功を修練するのは、身体を壮年健にし年寿を延べる良い方法だと考えていた。謝覺哉は劉貴珍の爲に『氣功療法實踐』書中に題字を寄せて曰く、「氣功療法は、人々の行ふべし、錢を費やさず、煩はず、病を却くべし、身を強むべし、生を全くすべし、年を延ぶべし[1]。本書は、大いに人気が出て、百万冊を発行し、外国語に翻訳され海外でも発行された。茲に至り、"氣功療法"は世界各地に伝わり、劉貴珍は瞬息須臾の間に当時の氣功界に在って最も影響力有る権威となったのである。

　国家の関係部門の氣功に対する重視と支持に伴って、科学

---

[1] 氣功療法，人人可行，不花錢，不費事，可以却病，可以強身，可以全生，可以延年。

に従事する人々は現代科学の方法で運用を開始し、氣功に就いて実験・研究を進め、氣功研究を国家医療科学の長期計画中に含めた。氣功療法は東洋医学を構成する部分として、広汎に臨床に応用された。多くの省市で相次いで氣功科研・医療及び教学機構が設立された。

一九六六年、文化大革命の嵐は中国の大地を席捲する。氣功や数多の事物は一様に批判・攻撃を受け、氣功鍛錬ブームも忽焉(こつえん)と已(や)んでしまった。

文化大革命終息後、氣功の発展は逐次回復を見せ、徐々に氣功鍛錬の再度の全国的なうねりとなった。

氣功という詞は、一見通俗的の様であるものの、佛・道・医・巫(ふ)・武・儒・民間等各派衆法を包括するもので、宗教と迷信とを遠ざけたが、しかし同時に伝統的修練方法に就いて多くの誤解を招来する結果となった。

最も深刻なのが、氣功中の"氣"に対して生じた誤解である。氣功中の"氣"を多くの人は空気の気と理解している爲、氣功を深呼吸運動と理解している者も居て、又、氣功の英文翻訳名を Breathing Exercise（呼吸鍛錬或いは呼吸練習）とする人も居るが、これもやはり呼吸運動を通じて放鬆に達する鍛煉方法である。氣功は、古人に在っては修練方法の代名詞であり、苟(いやしく)もこの様な認識で理解すれば、全く古人の修練方法の道に叛(そむ)く事になる。

氣功中の"氣"の実は則ち"炁"なり。宗教を遠ざける爲、"炁"を修練する方法を完全に氣功と定義した爲、慥(たしか)にいささか荒

唐無稽ではある。だが、当時の政治的環境下では、宗教的内容に及ぶ名詞は絶対使用できなかったのである。宗教を迂回して伝える爲には、恐らく至当なる代名詞であろう、畢竟（ひっきょう）多くの宗教的内容は、氣功を通じて広汎に伝播する事になったのである。多くの宗教の功法は、氣功の仮面を被り、氣功を楯（たて）としていたから、公然と伝道弘法の大舞台へ上がった訳である。当時、筆者もまた師父の指令に従い、完全武装で出陣し、"氣功の大家"へと早変わりした。各地を周遊し、氣功の名を藉りて佛法を弘めた。通霊法とは何ぞや、定身術とは、搬運とは…。師父に跟隨（こんずい）して学んだこれ等の"小神通"は、すっかり役割を得、そして前後して百万の受講生に伝授されたのである。

　氣功熱の絶えざる高潮に伴って、"氣功大師"は地に遍（あまね）く花開き、自己流の功法が百花繚（りょう）乱し、絶えず造神者が出現した。氣功師は神格化され、贋（にせ）氣功を藉（か）って詐欺を働く者が到る処に現れる様になる。更には"氣功大師"が千万信徒を引連れ政治活動に関与する。氣功師のこの種の大衆煽動能力と氣功ブームが作り出した種々の惑乱は、当局に多々不安をもたらした。茲（ここ）に氣功への膺懲（ようちょう）が始まり、この様な状況下で、ある氣功師は入獄し、ある氣功師は消息を絶ち、ある氣功師は国を離れ海外に居を遷（うつ）した。

　氣功が騷擾（そうじょう）を起し、過熱し、"殺身"の禍を招く事に成った。茲（ここ）に至り漢土の氣功は、第二の低迷期へと入……。

　それでは、中国の公式氣功組織は、一体氣功をどう定義し

ているのだろうか。彼等の定義は、「氣功とは、意識を通じて運用するものであり、自身の生命活動を優勢な状態に置かしめる自己鍛錬方法である」として居る。これも筆者が氣功師試験に出願した時、諳誦(あんしょう)が必須の内容であった。当時政府の氣功管理機構に於て氣功師認定書を取る爲には、政府部門が主導する研修班に参加する必要が有り、試験を遣り過ごす爲、百万字に上る資料を閲読するが、多くの内容は自分の功法とは無関係であった。詮方(せんかた)無いが、授業中に眠気を催す事も有った。筆者が現在活動している西洋では、この当時四苦八苦して取得した認定書も、残念ながら全然出番が無いのである。

二、青陽禪法とは何ぞ

青陽禪法は二千五百余年前、釈迦牟尼仏に由り人間(じんかん)に伝えられた修練方法の一種である。

佛陀が寂滅して後(のち)、佛陀の門徒はこの禪法を細かく整理し、自分達の門徒へ伝授する事にした。数千年来、禪法を失伝させずに、深山幽谷や寺院の中で連綿と身を以て示す、或いは口伝(くでん)の形式で只管後人(ひたすらこうじん)に伝えた。文字化せずまた大々的な弘めも無く、その禪法には命名すらされない。知る者は少なく、修練者は更に少なかったので、半ば失伝状態に在った。

筆者は十二歳の頃、偶(たま)さかに長白(ちょうはく)の鬚髯(しゅぜん)(あごひげとほほ

ひげ）を蓄えた、鶴髪童顔の隠者に出会い、筆者は門徒と成り、その方から禪法の皆伝を受けた。又、筆者に教えて日く、「真面目にこの禪法を修練すれば、低きは身体を強壮にし、益々年寿を延ぶるべく、中は仙と成り得道すべく、高きは涅槃に證し入るべし。修練者の先達は目下依然として人間に在り、色身の陰陽壽が尽きたのみであり、姿を現す事は出来ず、天條を犯さぬ爲、深山に隠居する他無いのである。なれが我に閲えたのも、我が"特赦令牌"[2]を持ち、なれに禪法を授け、なれをこの禪法の唯一の在家伝授に封ぜんとするからである。然らずは、なれは我に能く閲えなかったであろう」

「幾千年来、この禪法は未だ曾て一度として在家の者に伝授した事は無かったが、なれが将来世人に此法を伝授せんとするのであるから、只今から刻苦修練し、将来の弘法の基礎を打立てねばならぬ」

「この禪法の要はそれ等の皮相の、他の禪法と大同小異の動作に在るのではない。真の要は、『幾許かの人は隠者の共助を得るが、我も中に含まれている。但し我々は公に弘法する事は出来ない故、なれが前面に出て"伝授"する他無く、我々は蔭から見守るしかない』という事である。然るに、なれの使命は非常に骨が折れるものであるぞ」

「ゆめ忘る勿れ、色身の力氣は限り有り、宇宙の力氣は無窮なり。我々法身團隊には、宇宙の力氣を調動する能力を有する」

2 　令牌は、通行手形の様な物と理解されたい。

「道を得て助け多し、道を失いて助け寡し。なれは只一心に弘法せよ。我々は永遠になれの背後に在り、なれの爲に応援せん。なれは永遠に孤軍奮闘する事は無い。何となれば、なが背後には強大なる法身團隊が有るからである」と。

この禪法を修練する効能を実証する爲、筆者の師父——その白鬚の老公は筆者に隠身術・定身術・水上漂・小搬運・大搬運・移山換景・呼風喚雨・穿牆過壁・身體騰空等の神通を実演して見せた。筆者を啞然とさせたばかりでなく、深くこれ等一切を信じ、そして心中で「必ず修練を完遂して、師父等諸々の法身の厚意と冀望に背くまい」と誓った。

筆者は長じて社会に出てから、現代人に合せた修練の爲、漸くこの禪法の整理を始め、陸続と門徒に伝授した所、実に多くの奇しき驗が現れた。例えば、奇しき"青陽力氣療法"を利用して、衆人が健康を獲得できる様にし、"青陽禪法"を修練する事で、衆人が神通を獲得した。中でも、筆者が大会議場で模範実演した"定身術"等の項目は、毎度成功裡に終わり大きな反響を呼ぶのであった。

現在筆者は師父の指導の下、この禪法を改めて整理して、恆久的名称を"青陽禪法"と定めた。これを未来の衆生に伝えよう。

青陽禪法は一揃いの完成された修練法を擁している、即ち高ステージの修練法である。全部で靈炁禪・靈光禪・無生禪の三部に分かれる。目下靈炁禪の普及を主として居る。本書では、主に靈炁禪に就いて述べる。

（一）靈炁禪

　靈炁禪は、まず必須の経絡を疏通・太くする事を主とし、外炁を内收し、内炁を凝集(ぎょう)するのを兼ねる。これは、身体の強健・年寿の益延の目的を達する爲である。
　体が健康になったらば、次は修慧、詰り智慧を修める必要がある。
　この智慧は、我々が日頃言う所の聡明に非ず、聡明を超越した智慧、そう一種の修行の智慧である。
　当然乍ら、禪法を修練する際は、智慧を学ぶ訳ではなく、また直ぐに学ぼうが間に合いもしない。我々が前世に於て学習・蓄積・韞蔵(うんぞう)して来た智慧を開発或いは発掘する事なのである。これは、我々が多くの"良品"を擁するものの、倉庫内に"凍結"された儘で、広げて使えない様なものである。我々が"凍結"を解除して倉庫の扉を開けた時、これ等の"良品"はやっと我々の手に帰する事に成る。
　では、我々の"智慧の倉庫"は那辺に在るのか。我々の心の中に在る。教典①に於て、"心蔵神"と書いた。これは詰り、我々の原魂は我々の"心經"の中で"熟睡"しているという事である。最早我々はそれを眠らせて置く必要は無い。それを覚醒させようとするならば、我々の方法を用いて — 青陽禪法を修練して — 原魂を覚醒して、我々に智慧を与える。一旦我々が原魂を起動すれば、我々の智慧もまた自ずと伸びて行く。これも"修練の結果得た智慧"である。

靈炁禪中には合せて三歩の禪法が有り、如何に修練するか及び修練方法・図示等は、後述する事にする。

　靈光禪を修練せんと欲する修練者にとっては、靈炁禪は基礎であり、基(もとい)を築(きづ)く者であるから、詰る所、築基禪である。靈炁禪を修練し、まず"基礎地盤"を規定に従って掘って置き、整地して、すなわち建築を開始する。とにかく、基礎を打ち終わって、始めて高樓を建てられるのである。

（二）靈光禪

　靈光禪は身外身を修練する事を主たる目標とする禪法である。靈光を修練するのを主とし、炁の修めをも兼ねる。

　靈炁禪の築基を通じて吾人は既に確乎たる基礎を固めつつあり、身外身生長の各種基礎設備は既に完備した。この際我々は己の身外身をして体内に一個の"小窩(しょうか)"を建設せしめる。彼にこの"小窩(しょうか)"内にて坐胎（懷妊）・成長・修練・出家（色身を離れる――還虚(げんこ)）。

　靈光禪を修練する段階では、中丹田・下丹田及び上丹田を修建し、拡大する事が必要である。靈光を丹田に聚(あつ)め、舍利子を生成する。そして氷と火の洗礼（陰陽二脈を打通する）・脊椎骨隧道(ずいどう)・中脈の拡張等を進めなければならない。

　靈光禪は身外身を修練する初歩段階である。身外身の修練は聖嬰(せいえい)を育(はぐく)む事から始めて、それが長じて独立し、"働く"迄続けるのである。

最後の果位評定は、修練のステージを見る、詰り修練ステージの高低に拠り、身外身の級別が決まるのである。

（三）無生禪

　無生とは、色界に二度と生れ変らぬという意味である。無生禪は、禪修の方法を以て高法身を修め、最終的には正果(しょうか)を修め、涅槃に至り、輪廻の苦から解き放ち、生死を罷脱(ひだつ)する法である。

　靈光禪を修練する頃には、吾人は聖嬰を修得して居り、聖嬰が長じたのが童子であり、童子長じて後、妖・精・怪等のステージを経て、成仙乃至は更なる高果位を成就するのである。

　多くの方が身外身の成長過程を理解して居らず、童子が已に高ステージに在ると考えて居る。実際は童子は、果位を修めていない法身である。

　ある修道者は始めは勇んで精進し、身外身を童子（児童）の段階へと修める際、この修道者が突如修めず、退道してしまったりした場合、この童子は高ステージの法身に引取られる。又、童子へと修練したが、色身が死亡してしまった場合も童子は引取られて行く。

　どうして結局引取る所まで言及するのであろうか。例を挙げて見ると、人間(じんかん)で一組の夫婦が子を生(な)して、その子が五歳に成った時、この夫婦が交通事故で同時に死亡してしまった

ら、この五歳児はどうなってしまうのであろうか。須らく善人もしくは慈善団体が引取るべきで、そうでなければ、その子は生きて行く術がない。

　霊界では、童子の引取りには以下の三つの状況がある。

1．托孤

　法身Ａは、朋友或いは良好な関係に在る法身の委託を受け、孤児の如き小法身（童子）を法身Ａに委託し、扶助と教導、養育と世話を求める。法身Ａは求めに応じ、茲に法身Ａの大殿に、子供が一人増える訳である。

　これ等の小童子は、人体内にて、動物の体内にて、植物の組織内にて修め出したものである（植物の組織内のものは、基本的に附體(ふたい)の形で進入したものである）。

2．分配

　天界（陽間）には"童子院"なる慈善機関が有る。この機関は、人間(じんかん)の孤児院に類する。異なるのは、人間(じんかん)の孤児院には多くの孤児が収容されているのに対し、天界の童子院では、収容された童子の姿を見る事は出来ない。

　では、童子院はどの様に運営されているのか。俗世で看る者の無い"孤童"が現れる度に、童子院側に保護されて行き、然(しか)る後規定に従い、直接養育資格を持つ法身へ引渡される。登記された資料に基づき、逐一流れ作業で配置される。この爲、孤童院には孤童の姿が無い訳である。

3．自ら培い養った者

　俗世にて宗派を興す者も有り、俗世にて独り修練する者も有り、俗世にて弘法伝道する者も有る。多くの修練者は師父となり門徒を取るを好むが、これ等の門徒が孤童を生ずれば、必ず自分の師父に由り引取りの責を負わねばならぬ。もしその師父がこれ等の孤童を引受ける能力が無ければ、童子院に対して巨額の代価（功徳で決済する）を支払わなければならない。そして自身の功徳銀行の貯蓄が足りなければ、殃(わざわい)は前世の法身に及び、更にはこれが原因で破産申告に至る。

　一人の修練者が前世の法身を擁して、只今世で童子身を修得すれば、色身の死亡後、童子身は前世の法身と合一する。従って、前世の法身を有する修練者には孤童効能が現れる事はない。

　無生禪は我々の身外身を育てて、後にそれを出家させる者である。出家の目的は、"逃世"（世間より逃避する）ではなく、より適切に色身の修練に合せて、正果を修めさせる爲である。

　私達が靈炁禪と靈光禪を修練する頃には、既に一連の人体の正常な生命活動には疏通が必要でない経絡も通じさせている。これ等の経絡の基本は、"竪通(しゅつう)"経脈──人体直立を以てその拠り所として、上下に走る経脈である。しかし無生禪はこれに異なり、身外身を練る・力氣を蓄積する・舍利子を濃縮・増大する・新たに舍利子を修練する・天眼を修む・思念力を修む、過去に通じた経絡を疏通拡張する他に、又、"横

通"を開始する。

　"横通"とは、人体直立を拠り所として、前後・左右に走る絡脈を打通する事である。"横通"後は、色身の生存能力を高めるばかりでなく、色身の"功能等級"を高める事も出来る。

　"無生禪"を修練する時、禪法の修練を堅持する必要が有る他、"心法"（つまり修心）の条件にも向上が有り、こうして初めて我が身外身をして涅槃果を得しめるのである。

三、靑陽禪法の十大特長

　禪修を望む者として、良い禪法を選択する事は非常に重要である。良き禪法は修練者に速やかに利益(りやく)をもたらし、延いては本人が思わぬ収穫すらもたらすのである。

　靑陽禪法は歷代修練者の実践と総括を通じて、一個の最上級の禪修方法であると証明された、禪法中の珠玉である。それは高いステージを具えて居り、主に以下の様な特色を体現している。

（一）深悟・苦修・巧錬

　禪法を修練するに、悟性は甚だ重要である。己を高いステージへと進めん事を思い、須らく良い悟性が有るべきである。

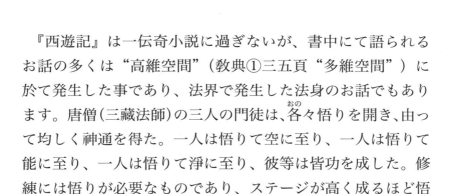

　『西遊記』は一伝奇小説に過ぎないが、書中にて語られるお話の多くは"高維空間"（教典①三五頁"多維空間"）に於て発生した事であり、法界で発生した法身のお話でもあります。唐僧（三藏法師）の三人の門徒は、各々悟りを開き、由って均しく神通を得た。一人は悟りて空に至り、一人は悟りて能に至り、一人は悟りて淨に至り、彼等は皆功を成した。修練には悟りが必要なものであり、ステージが高く成るほど悟りを要する。
　悟りとは、覺悟である。
　悟りの前提は、まず以て内心の傲気を措き、俗世での学歴・成功を措き、新思想を受け入れる事である。例えば、輪廻・三法印・多維空間・法身等。
　抛擲は清算に等しく、こうしてこそ新しい事物を入れられる。
　抛擲は何かを減らす訳ではないが、悟りを開くのに大いなる佐けとなる。
　深悟とは、真剣に思い、深奥なる蘊蓄を考え、充分に法理の精髓を理解する事である。なぜ高ステージの禪法は皆悟性を云々するのであろうか。悟りが明らかならば、一個人の思想を改造し得、思想が改造されれば、認知が高まり、層次が上向き、果位が向上するからである。
　傲気有らば、常に己が他人より優れたりと思い、己の認識にしがみ付いて話さず、新思想を受け入れられず、取りも直さず自身の思想層次の昇華に影響する。

畢竟、虚心坦懐に学習し、思考・研究を豊かにし、智慧を増し、正法を肝に銘ずる。この時心中に存在する正法は、一本の矩尺(くせき)と同じで、一切の法を衡(はか)り、一切の法を辨(わきま)える事が出来る。かくして修道には規律が有り、とわに正法正道と乖(かい)離せず、正果を成就するに至るのである。

　ステージが高くなる程悟りを要する。悟らねば得られず、得られねば得道せぬのである。

　人生は必ず悟道を通ってこそ修道し得るのである。

　苦修は、必ずしも苦行僧を意味しない。主に修徳・修心を意味し、殊に修心は最も重要である。塵界俗世(じん)で修練するに、修心は鍵を握る部分である。心法は大法である。心法を修め終えれば、その他の法は比較的容易に修められるのである。

　世の中には無数の魔が存在し、最大にして最難関たるは心魔である。人が自己の心魔に打勝てば、その他の難関は容易に越えられるのである。例えば、忍辱は、心霊の忍耐である。心魔は情緒(しょ)であり、自己の情緒(しょ)を管理できる人は、修行者隊伍の貴人である。

　自己の情緒を管理し、自己の心魔に打勝てば、禪修時、懸命になる必要もなければ、全身全霊一切を以て没入する必要もないから、生活や仕事・学習に影響を与えることもない。

　巧練は深悟・苦修の基礎に在り、禪修の技巧を修得する。一旦禪修の技巧を掌握すれば、良好な修練の成果を出すのもむつかしくはない。

　青陽禪法を修練するには、"深悟・苦修・巧練"の六文字

の方針を以て指南とし、一招一式[3]に固執せず、禪修の全体像を描き出す必要がある。

（二） 密中祕超時空大法加持送功

　青陽禪法は、現代人が胡乱(うろん)に造り出したものではなく、又書籍で学ばれたのでもない。列祖列宗が代々伝承して来たものである。

　これ等列祖列宗は、青陽禪法の修練を通じて、已に正果を修め得て、高力氣の法身を獲得して、神通遊戯は意の儘に動く。

　彼等は青陽禪法を発揚する爲、"特赦令"を申請し、修練者の周囲を隠匿し、密中祕超時空大法を利用し、修練者の加持力氣とすると共に炁・送功・帯功の方法を用い、修練者に最大の利益を獲得せしめる。

（三） 独特の手話・暗号での通聯

　現代人は皆多忙で暇(ひま)が無い。現代人の生活リズムに合せる爲、青陽禪法は速やかに経絡を通ずる法を用いる。

　古代道家の一連の修練方法に照らせば、小周天（任督二脈(じんとく)を連通する）を打通するだけで、百日築基（密集練功百日、

---

[3]　武功一招一式のように用いる語で、各動作、一挙手一投足といった意味である。

この百日間、定款規律・誡律佛戒を遵守せねばならない）が必要とされる。経る過程は以下の如し。意を以て炁を聚め、炁滿てば自から行き、意隨い炁走り、意を以て炁を領め、自ら行い運り轉る。

まず強烈な思念を用いて、啓粒子を炁へと転換して、無秩序に散乱する炁を下丹田へ聚集する（意を以て炁を聚める）。下丹田が"炁滿"した後、余分な炁は、下丹田から溢れ出、任督二脈へ向い流れる（炁滿てば自から行く）。炁が体内に運行する爲、炁の至る所、人体は感応する（意隨い炁走る）。又ステージを一つ上げると、思念を用いて、炁の動きを引率て経絡疏通の目的を達する（意を以て炁を領める）。経絡疏通に当り、炁滿つるステージに迄修練すると、炁は炁脈（経絡）中に二十四時間、絶えず"流淌"する（自ら行い運り轉る）。こうして肉体の自己修復能力を得る。

以上は、有らゆる修練者が必ず経なければならない層級である。前述の方法に従い修練すると、時間は長く、苦練は多く、成績は芳しからず、一度の不注意で、前功は悉く棄てられる。

青陽禪法はこれに異なり、彼と法身が聯通し、自分で経絡を疏通する必要は無い。練功時に、青陽團の法身が助けに来てくれるよう請い願い（拜通青陽身外身）、同時に一個の手印（手話暗号）を結び、青陽法身に謹んで申奉るに、今日はどれどれの経絡を疏通したいと言うだけである。その手印は疾うに青陽法身と意思を通じて「一個の手印は一種の用途に

定める」と約束されている。これは、青陽法團の経絡に通ずる方法に局限されて居るから、必ず青陽身外身と通聯を進めなければならない。

　一個の青陽禪法の修練者は、一旦前述の手順を終えると、ひたすら一念を以て万念に代え、万念を抱いて、放鬆[4]・入静し、他に何も考えず、何も構わず、一切を青陽身外身の処理に委ねる。経絡疏通の全過程は、約三十〜四十五分前後で完了する。

（四）簡単にして学び易し

　青陽禪法には高難度の動作は無く、一二三・三二一といった複雑な進行も無く、姿勢を良くし、手印を結び、思念で青陽身外身と通聯すれば、直ちに禪坐するを得る。縦令記憶力が悪い人であっても、或いは行動が不自由な人でも、同様に速やかに学べる。

　場所に対する制限・要求は少なく、室内・室外・床・床の上・椅子であれ、何処でも練る事が出来る。食前食後に練っても、いずれの方向に向いて練っても、いつ練っても、どれ位練っても、自由に制禦でき、制限を受けない。初めて経絡を打通する時、一定の時間制限が有るのみである。毎回の禪坐をどれ位にするかという問題に関しては、硬性の規定は無い。

4　放鬆（ほうしょう）は、平たく言えば弛める、緩める、寛ろぐという意味である。

（五）安全で信頼性有り

　全世界で、禪法（氣功等一切の靜坐と瞑想を含む）を修練する人は、益々多く、禪法の修練は益々多くの人々に重視され又愛好と支持を受ける。同時に修練者は安全で信頼の置ける禪法に巡り逢い修練を進めると共に、功効が著しく、禪法の修練に因り過誤を生ずる無きを希望している。

　青陽禪法は伝統禪法であり、列祖列宗数千年の修練を経、纏め伝授し、不断の改善の下、全面的成功を成し得たのである。

　実践と証明を経て、老若男女に係らず、厳密に青陽禪法の修練原則に則り修練を進め、且つ"世界未來佛宗敎協會"が育成した"專師"以上の資格者の伝授と指導を経れば、決して過誤を成さない。目下青陽禪法の百万修練者は、一人として過誤が現れた者は無い。

　事実証明として青陽禪法の修練は安全で信頼に足る。但し何事であれ、規律に従い行うべきである。非常に安全な禪法であれ、規矩に従わず行えば、問題が現れ、延いては大問題を来たす虞も有る。従って、修練の安全に関する問題は、明暗が分かれる事を前提にすべきである。

　青陽禪法は安全な禪法であるが、学ぶ際は、必ず修練原則を遵守し、老師の指導に服せねばならない。かくの如くして、初めて平安を担保できるのである。

　青陽禪法は過たないばかりでなく、道を誤った修練者を矯

める事も出来、併(しか)も効果は奇特である。

（六）得功の速さ

　青陽禪法の修練者は、一通りの経絡を打通すれば、百日築基の必要は無い。

　青陽身外身の扶助の下、禪修道場の大炁場の作用の下、その場に居る個々の修練者が、指定時間内に指定の経絡の疏通を保証し、皆青陽身外身からの炁態舍利子を受け取るのである。

　禪坐時、ある修練者は感覚が有り、ある修練者は感覚が無い。感覚が有っても特に喜ぶには及ばない、感覚が無い者も躍起になって追求する必要は無い。修練を堅持しさえすれば、高功を得る事が保証されるのである。これもまた、平常心是(これ)道なりなのである。

　この種の経絡速通の高級禪修法は、疾(と)うに諸初級研修生及び神通顕化(けんげ)者が実証した事であるから、真面目に修練する者は、疑わなくても良い。

（七）炁場が強し

　研修生は学ぶ過程に於て、始終青陽力氣を受ける。これ等の青陽力氣は、青陽法身團を源とし、殊に未來佛宗教の列祖列宗である。

列祖列宗の法身は、正法発揚を幇助する爲、衆生の修練を幇助する爲、法力を運用し大量の高圧炁團(きだん)を靑陽道場に凝集させ、道場内の人々のぐるりを取り囲んでしまう。
　この強力な炁場の作用の下、修練者がこれに同調さえ出来れば、均(ひと)しく高ステージの修練家と成り得る。

(八) 速やかに外炁を放つ

　靑陽禪法の修練者は、幾日かの育成を経れば、何組かの経絡を打通し、靑陽法身が賜う舍利子を得る事が出来る。この高力氣團を持ち、疏通した経絡を持てば、体内の力氣を思念で滾々(こん)と絶えず体外へと運び得るのである。又思念を用いて体外の啓粒子を炁に変え、穴位と経絡を通じて丹田へと取込み、使用に備えられる。
　一度も禪法を修練した事が無い人であっても、幾日かの養成を通じて、外炁内收・内炁外放の層次——内炁を利用して己の体を調え、内炁外放を利用して、他人の体を調えられる——に達する。
　ある修練者は、また家庭禪師と成る。
　とは言え、"炁"を用いて他人に身体の調理を施す場合、効果が覿(てき)面であったり、効果が芳しくなかったりする。この効果は、施法者の悟性・掌握の情況、及び施法者の德行・悟性・誠心であるか否か、経絡の霊敏度等が大きく関って来る。

（九）健康効果が奇特なり

　青陽禪法が調理し得る身体の症状は百余種に及ぶが、この百余種の症状は、青陽禪法の調理に適しているだけであり、青陽禪法がこの百種余りの病を調理する、或いは癒す事を担保すると言う訳ではない。病を治すには病院を訪ねよ、禪法は医療に非ず。百病を癒す等有り得ぬ事であり、そんな方法は存在しないのである。病院とて百病を癒す等は考えられない。であるから、百病を癒す禪法・功法・方法、又は医療手段は存在しないのである。

　青陽禪法は、輔助的療法・別種の療法であり、それは病院や医師の治療と併せ得るし、それは、薬も要らず、注射も要らず、放鬆して静坐し身体を整え、色身をして自己修復の目的を達せしめる。それは万能ではないが、特定の人々にとっては、慥(たし)かに思いの外(ほか)効応が得られるのである。

　青陽禪法初級育成班は、大部分が慢性病を患った研修生であり、長年の治療にも関らず顕著な効果が無く、幾日か青陽禪法を修練した後、身体に顕著な改善が見られた。ある研修生は奇(く)しく、思わぬ、更には夢にも見ぬ劇的効果が現れた。

（十）神通顕化者の衆

　青陽禪法は法身が直接管理する禪法であり、法身と修練者が直接意思疏(そ)通する。しかるに、修練者が練功する時、法身

は常に修練者と疎通する。疎通は、色身が天耳通或いは天眼通を獲得している事が前提である。

　青陽禪法は"特赦令"の禪法を拝領して居り、これも他の禪法と異なる点である。何故他の禪法と違うのか。要(かなめ)はここに在るのである。

　肉体が天耳通或いは天眼通を開通していなければ、法身と対話を進めることは出来ない。この様な情況下で、法身が色身と対話せんと欲するならば、肉体の対話器官（天眼或いは天耳(てんに)(てんげん)）の打通が必須となる。

　ある個体と有縁の法身は、この機縁を通じて色身と聯絡し、渡化し、果位を上げる目的を果たす。ただ青陽道場に入り修練すれば、"特赦令"の恩恵に浴する事が出来る。従って、青陽道場に入るを得た法身は、皆極力自身と有縁の色身を開発して、この色身と自身とを通聯させる。

　この様な情況下に於て青陽禪法を修練する人には、神通顕化者が特に多い。以往の『研修生修了及び禪修顕効登記簿』中、統計に拠れば、八割の修練者に、多かれ少なかれ神通顕化が現れている。各種の光線・絵図・映像・文字を見た、声や音を聞いた等。筆者の予測では、以後の青陽禪法育成班では、神通顕化する研修生が更に多く、彼等の能力と功力は益々強くなり、発展の趨勢は正の方向へ向かうと思われる。

四、青陽禪法の伝承

　筆者は、禪法を伝授する過程で、多くの修練者が、数十年に亙り禪修したのに、今だに体調が悪く、感覚が無い、どの様な効能・功力か等は言うに及ばない。なぜこの様な現象が現れるのであろう。整理して見ると、原因は只一つである。修練の禪法が伝承されていないのである。

　伝承は本当に重要であるのか。答えは、甚だ重要である。

　では、伝承とは何か。謂わゆる伝承は、太古から始まり、現代に至り、代々師父自ら門徒を率て、その禪修の精髓を親しく口耳相伝するのである。師父が人間(じんかん)を離れる前に、後継者（これもまた伝人）を指名し、その伝人が又その禪法を後生(こうせい)（新入門徒）に伝授するのである。師、徒に伝え、徒、師と成り、師、再徒(また)に伝え、徒、再師(また)と成る。師徒は輪(めぐ)り換(かわ)りこそすれ、炁脈断えず、今日に至る。

　それ等は、胡乱(うろん)に編纂され、東に移り西に運(つらな)り・道に聞き途(みち)に説き・門を閉(とざ)し車を造り・書を看て妄(みだ)りに修める。互いに濫(みだ)りに伝え伝承の禪法は無く、修練の際、法身團の保護(ほつしんだん)が無い為、容易に過誤を生じ得、延いては走火(そうか)・入魔(にゆうま)する所となる。走火とは、舍利子が正常の軌道に依らず運行し、方々に逸れてしまい、疼痛を生じ、久しく癒えぬ事である。入魔には幾つか有り、主たるものは身体憑依である。身体憑依された後は、まるで一種の精神病の様であり、言葉に脈絡が無

く、有りもしない事を口走る、理に依って処世するを得ない等。又、炁を得、功を成すは緩慢で、法界には恃むべき支持すべき法身團隊も無く、力量は浅薄である。これが伝承有る者と無き者の同じからぬ処であり、伝承の重要性を物語って居る。

　なぜ門徒と呼び、弟子や徒弟或いは信者と呼ばぬのか。門徒こそが的確であり、その他は門徒（という言葉）の派生である。門徒は「一個の團隊に加入して、その團隊の門内に学習を行う者」を指す。この團隊の中には、一人主だった伝授者が居り、これが謂わゆる師父である。これ等の門徒は皆師父に抱えられる。縦んばこの師父が一族郎党を擁するとして、後に全部が師父の團隊に加わり、師父の門徒となるも、倫理を失せぬ爲、子息は徒子或いは徒児、孫は徒孫、弟は徒弟、兄は徒兄、妻は徒妻、姉は徒姉、妹は徒妹、母は徒母、父は徒父と呼ぶ、以下之に倣う。親属関係に無い者は、また年齢に準じて、前に"徒"字を加える。この様な序列は煩瑣ではあるが、一人の門人にとっては、倫理を失せぬ爲である。平時は口語の便ならしめる爲、詳細に分類せず、総称して門徒とする。

　只、手筈通りに、師徒の礼を交わした研修生・会員或いは読者は、こうして初めて真の師弟関係となり、然らざれば、総ては只の師生の関係であり、先生と教え子の関係でしかない。学校での授業時と同じで、只学習する内容が違い、学習環境が異なるだけである。"大師"と"禪法"が氾濫する世に、

卷六　青陽禪法概論

　もし一人の禪修者が、一揃いの伝承有る禪法を修練し終えたらば、それは正に前世の縁(えに)しであり、今世の福ではないか。
　青陽禪法は、一揃の伝承禪法で、過去の伝承の系譜を擁し、今猶(いまなお)脈々と伝承せられている。これ等の伝承は、秩序立った階級を有し、完全に青陽祖師に由り制定される。青陽禪法伝承の具体的内容は以下の通り。
　1. 心霊帰依したる読者
　2. 研修生
　3. 会員
　4. 入門門徒
　5. 身外身門徒
　五百年に亙り灌注(かんちゅう)した道行[5]は、蓮華座を生み、聖嬰をして受胎せしめるのである。五百年の道行(どうぎょう)が無ければ、身外身は、受胎出来ない。註：転生して人と成るにしても、身外身が受胎し、各自五百年（二種併せて一千年）の道行を必要とする。特別の灌注(かんちゅう)を受けなかったものは、全く自己の修練に頼る事になるが、それでも身外身を得る事は出来る。ここで与えられる灌注(かんちゅう)は、只修練を加速する爲だけであり、過信するのは禁物である。認知上の過誤を来(きた)すからである。
　　1）青陽"明"字輩（過去）
　　2）青陽"瑞"字輩（現在）
　　3）……　……（未來）

5　原語での読みはTao⁴-hêng²であるが、日本語ではドウギョウで差支えなかろう。

6. **專師** —— 靑陽"慧"字輩
身外身に更に二千年の道行を灌注(かんちゅう)する。
7. **效師** —— 靑陽"德"字輩
身外身に更に四千年の道行を灌注(かんちゅう)する。
8. **大師**

　1) 地師 —— 靑陽"地"字輩。道場を開く前の準大師であり、或いは自由の・半職業的の弘法者である。身外身に更に六千年の道行を灌注(かんちゅう)する。

　2) 天師 —— 靑陽"天"字輩。道場の主となる事に成功した大師であり、職業弘法者である。身外身に更に八千年の道行を灌注(かんちゅう)する。

　9. **太師** —— 釋迦靑陽法父
10. **祖師** —— 釋迦啓藏菩薩
11. **師祖** —— 釋迦牟尼佛
12. **太祖** —— 燃燈佛

詳細に祖師以上の掌門者を列挙するならば、紙幅を徒(いたづら)に費やすばかりか、さしたる意義もないので、左様に知らしめる必要は無い。筆者とてそれ等の名を諳(そら)じようとは思わず、只"列祖列宗"の一言で総てを概括するのみである。

筆者は、禪坐の際、常に列祖列宗に見(まみ)え歡談し、彼等に教えを請うのである。彼等はいずれも容姿端麗・鶴髪童顏・眉目慈愛・双眼炯(けい)々・法力強大にして、基(もとい)、清廉な"白髯(はくぜん)の好々爺"である。筆者は、彼等を「白髯(はくぜん)の老公」と呼ぶのを好む。

巻七
灼(あらた)かなる功を獲得する
"十心"

先に"深悟・苦修・巧練"の部分で述べた通り、禪法を修めるには、心態は大変重要で、心法は大法である。佛經(ぶっきょう)数千卷が総括する中心的思想が取りも直さず修心である。然るに、『心經』は数千卷の経典(きょうてん)の精華である。一人の修練者が心性を高ステージにまで修練し得たならば、これは大成就を得たという事である。

　然し如何様に修心しようと、禪法を蔑ろには出来ぬのであって、これは未來佛宗敎の列祖列宗が結論として得た経験である。禪法の修練は静心を以てし、人が陰陽を平らかに抑え、色身と情緒の調和を以て、心は平らかに気は順(したが)い、心静かに意定まり、圧力に抗する能力強化の効応が得られるのである。

　なるたけ早く効応を得たいと欲するならば、坐学での修練に依るだけでは不充分である。奈何(いかん)せん、現代人には俗事が甚だ多く、禪坐の爲長い時間を捻出するのは無理である。顕著な効応を得る爲には、特殊な方法を取り入れて、定数外の力氣を勝ち取る必要がある。これも二十四時間禪修状態を保持する特効の方法である。

　先達は、この方法を「活子時」と称した。

　子(ね)の刻は夜間十一時～一時、この時間帯は夜も更け人も静まり、陰陽交替し、子午流が膽經(たんけい)に注ぐ。我等の先達はこの時間帯に禪坐をすると、得る炁が多く、功の長ずるのが早いと考えていた。

　現代人は勤めに出なければいけないから、夜を更かしなが

巻七　灼かなる功を獲得する"十心"　93

ら禪法を修練するのは、翌日の仕事や学習に影響する事請け合いである。

　法界の関係組織の批准を経て、青陽身外身法團が独特な方法で青陽禪法を修練する者に力氣を加えるのを允す。この方法は「青陽活子時」と称される。顕著な功効が得たければ、長時間禪坐する修練者でもないからには、禪坐せぬ日常生活に於て、以下十種の心態を調整する事で、いつでもどこでも、定量の青陽身外身の力氣加持を得る。この加持は無限量ではなく、この"定量"は修心の等級に依って明確に点数化されている。この様な加点を通じて、速やかに青陽禪法修練者の力氣等級を上昇する事が出来る。力氣階級が上がれば、功能・功力も自ずと上昇する。これが「青陽活子時」である。

　以下に力氣等級を上昇させる"十心"を掲げる。

一、誠心

　古人いわく、「心誠なれば則ち靈なり（心誠則靈）」と。

　"誠則靈"は迷信ではなく、又唯心でもない。誠則靈は科学である。心誠なれば、欲するものが獲れるであろう。

　例えば、ある者が手を振り上げて我々を打たんとする時、我々は反射的にそれを防ごうとする。これは人体の自己防衛反応であり、自律神経系統の正常な働きであり、交感神経系統の正常の反応である。これは、人の本能であるばかりでな

く、動物的本能でもある。同じ理窟で、ある人が靑陽禪法を修練する時、猜疑心が有り、心不誠であるとしよう。するとこの人の交感神経系統の自己防衛機能が、体外に覆蓋を形成し炁場を閉鎖してしまい、それに因ってその他の力氣を隔離してしまう。

であるから、心誠の有る人のみが、靑陽禪法を習得出来るのである。半信半疑、生半可な二心有る状態では駄目で、必ず誠心誠意、全心全霊でなければ成らない。

誠心が有れば、靑陽身外身の力氣が集められ、修練効果は自然と良く成る。

譬えて見よう。Ａ局が、今チャンネルＡを利用して良い番組を放送している。我々は良いテレビを一台所有していても、そのスイッチを入れる事はしなければ、良い番組を受信できはしない。縦んば、テレビを附けたとしても、Ａチャンネルに回さなければ、無論その番組は見られないわけである。

別の譬えにしよう。第一級の名医が我々を診察して薬を処方するとしよう。然し、我々は彼を信じず、その処方箋を打遣ってしまう。そうして結局第一級の名医は我々にとって、何ら意味を成さぬのである。故に誠心は非常に重要であり、誠心は基礎、誠心は美徳なのである。

二、信心

　青陽禪法を学ぶには、須らく信心を有するべきである。他の人が習得出来るのなら、我も習得出来る。他の人が成果を修練し得たなら、我も成果を修練し得る。

　常に自分を疑い、自分が人より劣っていると思ってはならない。進取の精神を持つべきで、この精神が無く、信心が無ければ、禪法は学べない。

　禪法を能く修練するなら、必ず信心を堅くせねばならない。信心は成功の"鍵"である。

三、虚心

　虚心の修練者は、層次の成長が早い。
　驕れる兵は必ず敗れ、倨傲は落伍を招く。
　正に成佛せんとする大菩薩は皆虚心である。彼等は、常に自身の修練不足を感じ、自身の能力が低さを嘆き、不断の学習と、修練に努力せんと欲する。慥かにそれもそのはず、更に上の菩薩や佛陀の力氣に比すれば、弱いものである。偉人は言うに及ばず、一個の星であっても、浩瀚な宇宙に比すれば、偏に風の前の塵に同じである。

　高ステージの修練者たらんと欲すれば、虚心でなければ成

らない。一定の成績を収めても、虚心であらねばならぬ。己が"一切"総てが高い人間だと自認していると、"一切"の扶助を得られぬというのは、"一切"をこの人から学ぶのが相応と思われるからである。

　虚心は肝要であり、唯虚心有る人は、容易に他人の扶助を得て、殊に法身の扶助を得られる。

四、恆心（つねなるこころ）

　成就せんとする修練者は、三日坊主ではいけない。古今東西、績を成した人に一人として三日坊主の者は居ない。彼等は皆、安に居りて危を思い、逆境に奮起し、百折不撓、七転び八起きして、前進する人である。

　成功は、何処迄も曇りの無い心の人に属する。

　外で幾日か禪法を学んだとしても、或はいささか効果を得、或は何の効果も得られない。帰宅後、たった今学び得た禪法を打遣ってしまい、二度と練らなければ、効果は永遠にその水準の儘である。

　帰宅後、信心を堅持し得て、終始一貫やり遂げると、ある段階を過ぎて肉体と精神の面貌が大変容し、以前とはまるで異なるのに気付くのである。

　一人の修練者にとっては、功能・功力或いは神通は、唯"誠心・德行・堅持・恆心"有る修練者に属する。

巻七　灼かなる功を獲得する"十心"

五、悟心

　悟心は、禪法を修練する霊性であり、理会・体会・神会を要する。

　同級で、一つ道場で、同一の老師が法を伝え乍ら、どうして人よりすんなり学び、吸収出来る人が居るのであろうか。諸々の要因が有るが、悟性が特に重要である。

　先に『西遊記』に言及したが、実の所『西遊記』は、一冊の修練百科事典である。

　唐僧（三藏法師）の三人の門徒は均しく悟りを開いている。

　孫悟空——孫猴子は、頑迷な猴であったが、彼は"空"を悟った。彼が、悟ったこの"空"は、何も無い事ではなくて、万法無常、諸法無我を意味している。

　その大意は、「人間の万事・万物・万象は、不断の変化の下に在り、人類もまた例外無く、人の変化もまた無常である。我々の身体は時々刻々の新陳代謝・思考活動・変化の下に在る。過去我々は左様であり、今日の我々は斯様であり、未来の我々はきっと斯様にはあるまじく、人の一生は生・老・病・死と絶えず変化する。従って人間の万事・万物・万象は総て永恆では有り得ぬのである。されど物質は不滅で、此方が滅すれば、彼方が生ずる。霊魂は輪廻し、絶えず変化し、常に新たな内容を加える。」という事である。

　この"悟り"は、"禪"の境地であり、"禪"の功夫である。

人生はおよそ漫ろに悟るもので、一定時間悟り、ある日忽然と明白になる。これは漸悟の基礎の上に生じた頓悟である。如何に悟ったとしても、明らかに悟りさえすれば、迅速にステージを高められる。この猴は、"空"の道理を明らかに悟った爲、彼は神通を獲得し、七十二変を持ち、十万八千里を一飛びに飛び、唐僧の良き門徒と成った。

猪悟能——猪八戒は、やや懶惰ではあるものの、霊性は並べてならぬものが有った。彼も悟りを開き、明らかに"能"を悟り、これ即ち力氣であり、併も高力氣である。故に彼も高い功夫を持つ。

沙悟淨——沙和尙は、お人好しではあるが、霊性は有った。彼は、"淨"を悟り明らめ、心淨にして六根清淨、故に彼も成功した。

禪法修練には悟心が必要であり、これ即ち悟性である。ステージが高く成るほど、悟りは大事になり、一度悟りを開けば、忽焉と悟る。言い換えれば、朦朧恍惚とする中で、人生意義を悟り、禪法眞諦を悟り、宇宙眞理を悟る。悟りとは即ち悟道であり、因って功能を生じ、神通を有する。禪法を修練するには、悟りを必要とするから、悟りは重要である。

ともかく、高ステージに至りたい禪修者は、「誠は基礎であり、德は根本であり、悟りは要である」と肝に銘ずるべきである。

六、精進心

　精進とは、勇んで前へ進むという意味である。
精：雑らず
進：退かず
　高ステージに進む禪修者の多くの条件は、唯精進によって完成されるものである。
　人が修練を欲すれば、困難・阻力・磨難有るは必定である。
　三藏法師一行（唐僧師徒）は経を取りに天竺（西天）へ赴くも、九九八十一の難を経て、併も一難としてこれを缺く事は成らない。一難を缺けば、後にこれを補わねば成らない。
　修練の過程に於て、我々は三藏法師一行（唐僧師徒）の堅靭不抜・百折不撓・勇者不懼の英雄気概に学ぶべきである。古えより修練に試煉は付き物である。修練の長途に在っては、決して順風満帆とは行かないだろう。少しの困難に遇っただけで、逃避してしまったり、二度と修練をしなくなってしまったりしないで欲しい。
　更に言えば、我々が現在進行中の修練は、"入世"修練であり、これと歴史上の"出世"修練とは異なるものがある。昔、先人は、禪法の修練の爲、彼等は家庭を離れ、塵界を避け、深山幽谷へ遁れ、寺院道觀へ入り、"出世"修練を進めた。
　現今の青陽禪法は然らず、我々の受けた任務は、家庭を出て、村や町を発ち、深山幽谷より戻り、喧々囂々たる都市へ

入り、公に大衆に親しみ、複雑に入り組んだ社会へと進み、塵界俗世(じんかい)の中で洗礼を受けつつ、青陽禪法を発揚して、衆生に福を成す事である。これが、"入世"修練である。

　"入世"修練は"出世"修練に比べて、艱難は二倍するであろう。然るに、青陽禪法修練者はおのおの、皆精進心を具えなければならず、これを以て"入世"修練の困難に対応する。例えば、時間問題・環境問題・近親者友人関係の問題・宗派を異にする者の問題等。もし精進心が無ければ、これ等は総て退修の理由と成り得る。青陽禪法は修練者が一人増減した所で何ら影響は無いが、一人の生霊にとっては、確実に得渡の良機縁を逸した事になる。従って本当に修行をしたい人は、精進心を擁する事は、誠に重要なのである。

七、寛容心

　禪法修練になぜ寛容心が必要なのであろうか。この問題は重要である。

　世間の多くの人は病死するのではなく、憤死するのである。憤怒は人を憤死させ得るのである。

　人が憤怒・嫉妬・怨恨・他人への報復或いは人との喧嘩を欲する、他人を陥れんとする時、体内に一種の毒気体を生ずる。科学者は、これら科学的手段を用いて、この毒気体を抽出して、これを濃縮し、最後に少量の縁色の液体を得た。少

巻七　灼かなる功を獲得する"十心"

量の緑色の液体をマウスの体内に注入すると、直ぐに死んでしまう。この毒気は、人体内で融合し、經絡と血液の流れに沿って、全身を巡り、最後には肝臓と腎臓を通って体外に排出される。この毒気体の性質は、強い酸性を示し、悪毒有り、至る所で害を成すのであるから、肝腎を傷めるのは必然である。

　人は塵界俗世に生きる間、必ずしも毎日楽しい事許りに遭遇する訳ではない。いつも何かしらの事情により、嫉妬・怨恨・怒りを生じさせる。長期間この様な生活を送れば、死なずとも病を得て、延いては大病に繋がる。縦んば、大病を発せずとも、日々辛い思いをする。身体が病苦に長期に亙り傷め付けられると、遂には死んだ方がましだという観念を持ち得るのである。

　健康長寿で、太く長く活きたいと望むなら、楽しく活きても、詰らなく生きても、一生を生きるのに変わりはない。なぜ自分が太く長く、楽しく生活できるようにしないのか。

　寛容心は霊魂の深部・内心世界より、一個の空間を啓開するものである。この開けた空間は、多事を包容出来、自分の思想中で充分に思いを巡らせる余地を残す。心を狭くしてはならない、"心眼"を小さくしては成らない、なおさら"火"を過大にしては成らない（火大なれば"燒陰"す）。人体は一旦"燒陰"すれば、全身の"陰液"は大幅に減少乃至は涸渇する。"陰液"は人体の潤滑剤で、人体の正常な運転を維持する。自動車のエンジン・オイルと一緒で、それが無くな

れば、発動機は焼き付けを起す。人体の陰液が減少すれば、百病が叢生し得るのである。

　法界が果位を評定する時、寛容心を一個の必要条件に連ねている。多くの人は心路が窄まり・心眼が小さく・復讐心が強い。およそやる事成す事、人を許さず、自分や他人に逃げ道・余地を残さない人は、菩薩に評定される事は無い。菩薩は"大士"、即ち"大心の士"でなければ成らない。

　であるから、他人への寛恕は、自分への寛恕でもある。胸襟の狭い人は、家で如何に他人を懲らすか算段する時、他人は害せずとも、已に自身を害しているのである。ある時は人を害する以前に、早くも家中で自己の腸を煮えくり返らせている。古人の言葉に「人を害ふは、已を害ふが如し」というのが有る様に、慥かに道理が有るのである。

　青陽禪法を修練するに、修心は重要である。

　寛容心有らば、怨恨は除かれる。敵を友と爲し、楽しみを増し、健康を増進し、ステージを高められる。

　人生は儚く、三万日前後生きられるに過ぎず、もし幼年期と老年期乃至は金を稼ぐ爲に仕事をしたり学習する時間を差し引けば、残された時間は実に少ない。人生が斯くも儚く、我々はなぜ自分の爲に楽しみを覓めないのか、自身を愉快に生活させないのか。楽しく健康に生きて行く爲には、寛容心を養わねばならない。そうそう怒らず、仇恨を擲ち、煩悩を減らす。

八、憐憫心

　　憐憫は同情であり、他人を愍(あわ)れむ事であり、善良・善心でもある。

　　憐憫心を修習・育成するのは、修練層次を高め、又速やかに体内に青陽身外身が賜う力氣(ぎょう)を凝集させる助けと成る。

　　他人への憐憫は、寬容心の修練を助ける。

　　例えば、夫婦喧嘩で、激しい応酬になり、ずっと互いに恨みつらみを抱えて、やれ家事をしないだの、子供を見てくれないだの、皿を洗わない、床(ゆか)を掃かない等と言い募る。もし双方が、「相手がこの家の爲に頑張り、金を稼ぐ爲に、糊口(ここう)を凌(しの)ぐ爲に、生活を満ち足りたものにする爲にこそ、こんなにも忙しくしているのである。朝から晩まで骨身を惜しまず、報酬を得るのは実にむつかしく、気の毒でもある。」と良く良く考えれば、実は喧嘩する迄もない事で、自分の誤りを認め、家事をほんの少し多く熟(こな)せば済む事である。ここで、相互に思い違いを認め、先を争って家事をする。これより、二人は喧嘩をしなくなり、仲が良くなり、問題も解決し易く成る。もし反対に、二人が互いに怨み、暴力に訴え、悪罵、物を壊す等すれば、二人の心は益々離れてしまい、挙句の果てに、離婚への道を突き進む事になってしまうであろう。

　　家中で家族に対して憐憫心が有れば、社会に出た時、自然とこの心態を群衆にもたらす様になる。自分自身に応用する

ばかりか、やって見せ、言って聞かせて、やらせてみて、この善心を社会へもたらし、人に伝え、自分と他人と同時に層次を上げ、同時に靑陽身外身の力氣の加点を獲得する。

因って、他者への憐憫は、即自己への憐憫でもあるのである。

九、慈悲心

慈悲心は、菩薩が具備すべき必須条件である。慈悲心が無ければ、菩薩果の修證は言うに及ばない。謂わゆる"菩薩心腸"が指すのは、即ち慈悲心である。慈悲とは、衆生に「輪廻を解除し、苦を離れ楽を得させる」方法であり、世間より離脱させる方法であり、即"出世間法"である。

慈悲心を有する菩薩が、"出世間法"を伝授するには、更に"無分別"の境地を具備せねば成らない。具体的に言えば、伝法の過程で、情仇・遠近・冤親・愛恨・高低・貴賤・貧富・愚慧・上下・大小・高矮・芳臭等の区別が有ってはならず、一視同仁、普降甘露[1]でなければならない。

禪法を修練する人に就ては、然程に高い思想境地は必要とされないが、只慈悲心を諒解・育成すれば良い。多く周囲の人に善い知識を講釈し、渡化し得る者は、序にちょっと渡し、機会有れば有縁人を率て、共に靑陽禪法を修め、諸共に利益

---
[1] 慈雨を普く降らすこと。

巻七　灼かなる功を獲得する"十心"

を受けさせ、共に健康の道を歩ましめる。然し人を渡（と）するを強いて求めてはいけない、縁のまにまに渡化するのが良いのである。

　古人言えらく、「佛は有縁人を渡す」と。佛もまた有縁を渡す。況（いわん）や佛に非（あら）ざる吾人に於てをや。故に「有縁を渡化し、縁のまにまに渡す」のは、絶対に正しいのである。

　慈悲心は、"無分別"に衆生を渡化し、"世間より離脱させる"事によって、衆生に苦を離れ楽を得させる。但し前提は"有縁"である。それでは、"無分別渡化"と"有縁を渡す"というのは矛盾しないのだろうか。例を挙げて説明する。仮に筆者がABCに仇（あだ）を成すとしよう。時間の歴（た）つに従って、筆者の内心の深層では怨恨は既に融解して行く。筆者が"無分別渡化"の慈悲心に基づいて、ABCを探し、怨恨を和解し、機のまにまに渡化しようとする。然しABCの心中の怨恨は融解して居らず、面と向かって会わないばかりでなく、蔭で筆者を一頻（しき）り痛罵する。この様な情況に遭遇したらば、これは"無縁"に帰属する事になる。

　我々の偉大な佛陀には尚三つの不可能が有る。
1) 生霊を渡（と）し尽し得ず
2) 定業（ぢょうごう）を滅し得ず
3) 無縁を渡し得ず

　然り。渡化を受け入れぬからには、一体全体如何に彼等を渡化できるであろうか。これは"有縁中の無縁"であり、機縁に当面しながら、これを逸してしまっている。

とにかく、慈悲心とは、"傳法"で人を渡し世間を離脱させる事である。法を伝えて人を渡すのは高得点で、無漏禪を伝えるのは更に高得点である。

十、奉献心

禪法もまた一種の功夫である。

もし単独で言えば、この"功"の字は何を意味するのか。功能・功力を意味し、通神の能と神通の力でもあり、略称して"功"とする。換言すれば、功は力氣の代名詞であり、徳の代表である。

試煉にて功を長じ、奉献にて功を長ずる。徳高くして功高く、徳長じて功長じ、徳退けば功退く。前述の説明は、功と徳は密接な関係を有して居るという事である。

奉献は美徳であり、奉献は一種の功を長ずる方法である。が、我々に散財して功徳を買い漁れというのではない。

佛陀に金満家の門徒有りて、佛陀に「供養は功徳に成るのか」と問うた。

答えて曰く「有り」と。

又「最大の供養は何ぞ」と問う。

答えて曰く「法供養なり」と。

見るに"法供養"とは奉献であり、功徳であり、美徳である。

法供養は、正法の供養が必要である。もし邪法を供養すれ

ば、功徳が無いばかりでなく、地獄に落ちる事も有り得る。であるから、眞摯に辨えねばならない。青陽弘法という時代に在っては、何が青陽の"法供養"なのであろうか。以下が青陽の"法供養"一覧である。

1）教典を回覧する
2）教典を贈呈する
3）教典を翻訳する
4）教典を講釈する
5）教典の内容を伝える
6）人に青陽禪法修練を教える
7）人を道場に連れて行き青陽禪法を修練させる
8）修練場所を提供する
9）小組活動の方式で青陽禪法修練を組織する
10）道場へ赴き奉仕する
11）他人が以上の内容を完遂するのを助ける
12）以上の内容を完遂した者に便宜を図る

いずれにせよ、衆生が青陽禪法を修練するに有利になる一切の行爲や事業は、皆これ青陽期の"法供養"である。

奉献心有れば、暇を見つけてこれ等の"法供養"をする、並びに"法供養"を通じて青陽身外身の幇助を得られる。斯くして力氣の加点を獲得し、修練成績を上げて、層次が愈々高まるのである。

巻八
青陽禅法の修煉原則

人は、星の上に生き、人中を渡るが、人としての矩(のり)は必ず有るものである。仮令(たとい)法律約束が無くとも、人として道徳規範は持つべきである。
　国家には国法有り、家には家訓有り、道には道義有り。
　人は畢竟(ひっきょう)人であり、絶対に畜牲の如く振舞ってはならない。さもなくば、皆で目標を共にすることは出来ない。
　世の中には原則が多く、境地を異にすれば、原則同じからず、事情を異にすれば、原則同じからず、事業を異にすれば、原則同じからず、教派を異にすれば、原則同じからず、禪法を異にすれば、原則同じからず。
　靑陽禪法を修練するには、靑陽禪法の修練原則が有る。

一、刻苦して德を修め、禪坐を輔助する

　靑陽禪法が、他の禪法と異なる所は、主に他の多くの禪法が苦練に依って始めて成就するが、靑陽禪法であれば、靑陽身外身の鼎力相助(ていりょくそうじょ)に依り成就できる。
　苦練とは、節食不動にして、密集禪坐し、身体に疼痛、眩暈眩惑、意識昏迷に至るまで練り、成就まで続けるものである。
　昔、神通を修練する爲に、ある宗派が"活死人"の修練方法を世に出したが、数年の修練を経れば、慥(たし)かに神通が得られるのであった。"活死人"は、その名の通り呼吸をする死人であり、"陽魂"に司られることがなく、肉体は働かない。

巻八　青陽禪法の修練原則 　111

実の所「行く屍走る肉」ということである。

　活死人——毎日二十四時間、瞼は下垂し、一条の眼光のみを漏らし、眼光は鈍く、無表情である。始終自身を朦朧、夢現の状態下で抑えて、大脳はおよそ覚醒する事は無い。出来る事ならば、街をふらついて物乞をし、家無く業無く、湯浴せず、換衣せず。親友畏友を忘れ、喜怒哀楽を忘れたい。天を衾とし地を褥とし、野の菜や木の実を主食とする。渇けば飲み、餓うれば喰らい、困ずれば眠り、歳月日時果ては自分がいづこに居るやも知らず。俗世にも愁いがあるのを知らず、常に思い残す事無く、憂い無き単身生活を送る。普通の人がこの人を見れば、狂人ではないが愚者であり、でなければ、精神病者である。

　時代が変われば、現代人には苦練の為の時間は多くなく、心配事は多く、慾望は殊更に、思い切る、また肩の荷を降す事が出来ない。当代の修練者の現実的状況に合せる為、真心を持つ修練者の要求を満たす為、"聯合教化天"は、未來佛宗教を世に送り出し、青陽禪法を奉じた。青陽禪法と諸宗派の不同は、青陽禪法の精華、即ち"青陽活子時"である。

　"青陽活子時"を修練すれば、"活死人"を修練せずとも良く、"活死人"と同等の効能を修められるのである。

　現代人の修練に適合させる為、我々は古人の「刻苦して功を練り、修徳を輔助する」の原則を反転させ、「刻苦して徳を修め、練功を輔助する」へと変えた。

　この様に置き換えるのは、一見簡単であるが、その差は特

大である。まず修練者が時間を大幅に節約でき、家庭・学業・仕事に影響しない。次いで修練者が大幅に金銭を節約でき、東奔西走して法を学び、南に一宇の廟を建て、北に一山の寺を建て、至る処で銭を捐(なげう)って"功徳を買う"必要は無い。実に今の時代は、寺廟(じびょう)が氾濫(はんらん)している。一つ増え、一つ減りしようが然程(さほど)の意義は無い。多くの寺院は美しく建立されるが、実際の内部の性質は変わってしまっている。

　真の修練者は修心せねばならぬ。無闇に求め、遂に病を得るのは、やはり方法が正しくないからである。外に求めてはならず、家中の清浄な場所を選び坐し、心を静め、己を省みる。自分の内心世界を観(み)て、先の"十心"と対照して見て、己に如何なる不足と懸隔が有るかを理解する。もし懸隔が大きいのを本当に発見したならば、決意して改めようではないか。

　心が善良でない人は、常に寺廟へ行き焼香をし、叩頭(こうとう)し、佑助(ゆうじょ)を求めても、猶(なお)己を救う術が無い。只内心の深みより自己を改造し、真に自己を救う他無いのである。

　刻苦修徳、輔助禪坐、これは青陽禪法の第一原則である。即ち徳を以て本と爲(な)し、修徳は修心を以て主と爲(な)す。

　一個の研修生として、青陽禪法育成班の教習を経て、経絡を開(ひら)き、青陽法身團(だん)の登録に至ってから、禪坐の時間の有無に関らず、刻苦して徳を修め、禪坐の輔助とする丈で、速やかに功が長ぜられるのである。

　考えても見なさい。一個人が一生何もせず、毎日二十四時間禪坐しても、百歳迄生きたとしても、百年の道行が有るの

みである。然し乍ら、徳を修めているのであるから、青陽身外身の道行を賜り、幾百年、幾千年乃至は万年或いは更に多く成り得るのである。御覧ぜられたであろうか。これが「修徳第一、禪坐第二」の原則の重要性である。但くれぐれも「青陽禪法修練は修徳、修徳第一とはいえ、禪坐が全く無ければ、それはそれでいけない」という事を忘れては成らない。

二、その自然に順い、追求せず

　自然とは何であるか。自然は一種の規律であり、自然は道であり、法であり、功である。
　道家の鼻祖老子曰く、「人は地に法とり、地は天に法とり、天は道に法とり、道は自然に法とる」と。
　大意は次の様である。「人の法は大地を源とする。人々は肥沃な土地を求め植え耕し、居住に適した場所を見つけ家を建て、便利な土地を探して生活して、大地の資源等を消費する。地震が有れば、人々は家の建築に際し耐震を研究する、これが典型的な"人法地"である。
　地法の源は天である。人々は肥沃な土地を耕作すると雖も、太陽の運行、春夏秋冬四季折々の変化、熱帯寒帯の作物の違い等の素因に気を配る必要が有る。人々は往々にして風雨順調を祈念し、天に頼って口に糊するは、決して稀罕な事でもない。海中に魚有るに ── 地を見、海に出て魚を漁るに ──

天を見る。

　天法の源は道である。浩瀚な宇宙、銀河系、太陽系。恆星・惑星有り、白昼・暗夜(あんや)有り、日輪・月輪(がちりん)有り。月は地球を巡っており、地球は太陽を巡り、同時に地球は自転する。月に陰晴盈昃(せいえいそく)有り、太陽内部に黒点有り。太陽光が長期間照射すれば暑く、長期間照射が無ければ寒い。太陽は地球から近過ぎてはいけないし、遠過ぎてもいけない。これが詰り道の表象である。

　道法の源は、自然である。自然は規律であり、自然規律・自然法則でもある、そして無闇に或いは軽々に変更されないものである。例えば、太陽と月の位置を変更したらば、天・地・人は直ちに存在し得なくなり、全世界が混乱状態に陥る。自然の重要性を窺(うかが)い得るべし。

　もう少し簡単に言うと、一個人が世界の中で生きるからには、何をするにしても、規律が有るべきで、自然規律を遵守すべきである。ゲームをするにしても、ゲームの決りを守る必要が有る。

　例えば、四人の人がいつも一緒にトランプをして、早幾十年、皆守るべきゲームの規則の何たるかを知る。この規則は、皆が共同して制定、共同して遵守する法則に等しい。遊ぶ事幾十年、最早毎回規則を確認する必要は無く、ちょっと遊び方の名称を口にすれば、皆すぐにこれを知る訳である。既に一種の自然規律を形成しているのであり、この規律は改変するを得ず、只遊べるか遊べないかの区別が存在するのみであ

巻八　青陽禪法の修練原則

る。ある日、その内の一人が突然決りに依らず遊び出し、他の人達がどう説得してもどうしようも無い。そうなれば結局解散してゲームを御仕舞にする他無い。これにより、皆は二度と彼とトランプをする事は無くなる。これが道であり、法であり、道理であり、正に"道法自然"である。

　大道自然。自然規律は、浩々（こうとう）蕩々として、之に順（したが）いて則ち昌（さかん）なれども、之に逆えば則ち亡（ほろ）ぶ。古聖先賢は、均しく自然規律に従い物事を処理する。只愚者のみが自然に発展する規律の事情に叛（そむ）くのである。

　自然規律、自然法則は道であり、順（したが）うは生き、逆（さから）うは死す。我々がある新しい自然環境（気候環境を指す。人為環境に非ず）に直面した時、この自然を変える事が出来ぬならば、自分を変える他無い。これは、人としての層序（そうじょ）の問題である。例えば、寒い地方へ至れば、衣服を重ね着する。もし我々がこの環境の中でその波に随い、流れに逐（お）われたくないなら、そこを離れる事を選択しても良く、環境を変える事も一種の変化である。

　修練者は修道者である。この"道"は、"道家"或いは"佛道"を意味するものではない。涅槃へと通ずる一条の道なのである。

　修練は、自然に順応し、平時の環境の中に居て、物事をその自然に順って発展させるのが修道である。例えば、植物と動物（含人類）、小より大に至る迄、一定の時間を経てゆっくり成長しなければならず、"苗を揠（ぬ）いて長ずるを助（たす）くる"

が如き手段を使ってはいけない。その結果は深刻である。
　禪法を修練するのは一生の事で、心の準備が必要である。不急不燥、"とろ火"でゆっくりと"煮詰めれ"ば、必ず高い功夫(クンフー)を出せる。心急なれば、熱々の豆腐を喰う事は出来ない。心急にして熱い豆腐を食べれば、熱い豆腐によって口中を火傷(やけど)するのは当然の帰結である。
　過度に神通を追求してはならない。別人が神通を練ったのを見て、心は急(せ)く。彼に有り、我に無し。斯くも急(せ)いて、何もかもが乱れ、容易に自然規律に叛(そむ)く様な事を仕出かし易い。後悔先に立たずである。
　己を堅く信じ、この敎典『禪修密中祕』の通りに徐(おもむ)ろに修練するだけで、成功を得る事が出来る。
　貪らず、求めず、その自然に順う。大道自然、道法自然、一心に修練すれば、必ずステージが上がる。誠心誠意、その自然に順い、神通を追求せず、恆久修練さえすれば、青陽身外身法團(だん)は必ず個々の修練者のステージに応じて按排してくれる。
　ステージは修練して得るものであり、神通は巡り遇(あ)うべきもので、求むべきものではない。修練者が望む時、必ずしも与えられず、青陽身外身が与えんとする時は、不要でも与える。但(ただ)もう一つ有るのが神通で、全く特殊な訓練を通じて得るのである。とは言え、"德行"の高低は重要である。

三、達観・無爲

　ある人は、心中に仇有り、怨有り、恨有り。常に心の内に置き、終日反芻(はんすう)して、考えれば考える程怒りが込み上げ、不眠、頭に血が上(のぼ)る、癇癪(かんしゃく)を起す。己の心魔が祟って、大量の有害な気体が自己の体内を循環し、肝・腎・心を傷めるに至る。

　この様な人は、暫時禪坐をしてはならない。仮に禪坐を強行すれば、誤りが生じ易く、火に走り魔に入(い)る事すらある。なぜなら幾らかの憑依体（附體）は、この様な身体に棲(す)み付くのを好むからであり、そしてこの種の身体の防禦能力は著しく劣っている。たとえ外霊が取憑いて居ないとしても、静まる事は無く、よって功効を生じ得ない。

　この人がまず以て思考から問題を解決しなければならない。法や道を講ずるのを聞きに行くのも良いし、精神科医に掛るのも良いだろう。そうしなければ、狂人となったり精神を病んで、親族友人と疎遠になってしまう可能性も大である。どんな方法を通じてであれ、この人を達観、無爲にさせる必要がある。併(しか)も口先で言うのでは無しに、内心世界よりの達観、無爲である。達観するや否や、無爲となるや否やは隠す事は出来ず、表情から見て取れるのである。

　達観できる・無爲に成れるは、言うは易く、爲すは難(かた)し。それは、一人の人間の心性を変えるという事であり、人生を変える事でもある。己が己に難癖をつけ、己が己を煩わせ、

己の心魔と決闘するには、嗔（瞋）・仇・怨・恨を擲ち、思考の風呂敷包を捨てて、報復の心態を解除する。一個の胸襟の狭い人にとっては、誠にむつかしい。この人が本当に達観し、無爲と成ってこそ、始めて禪坐し得る。

　ある人は、心理が平穏な時、氣功を鍛錬する（註：青陽禪法ではない）。半年後、家庭で思わぬ出来事が発生し、ずっと達観出来ず、無爲に成れず、考えるや否や怒り、果ては凶器を購入して人を殺めたいと思う。この日憤怒を抱いた儘禪坐を開始し、坐して間も無く、一個の外霊が憑いて、この人はすぐに気が狂ってしまう。翌日、家人によって精神病院へと送られる事になる。退院後、時に好転し時に悪化する。後になって筆者の門徒を通して、筆者を知り、筆者は憑依体を祓い、然る後法を講じて、催眠療法を用いて、大脳の記憶を新たに組み合せる事にした。先方が本当に達観・無爲となったのを確認して、青陽禪法の伝授を始めた。あれから已に十数年が過ぎたが、当人は依然として健康であり、疾うに仇恨を忘れ、因果応報を信じ、一切の縁しを信じている。現在では、一心に修行し、神通は高く、常に他人に法と道とを講じ、自分が修得した神通を用いて人の判断し難い問題の解決を助けている。

　達観・無爲、これは一人の修練者が須らく習練すべき事である。もし達観・無爲ならずは、人は怏々として楽しまず、心を開く事は出来ない。生活の中で、楽しい事が有っても、楽しめないのは、心中には常に不愉快な事が渦巻いて居るか

らである。これ等の不愉快な事は、重たい風呂敷包の様で、心に熨掛（のし）り、昼夜全く寛（くつろ）げない。一度思い切って、この風呂敷包を投げ捨てれば、すぐに楽になる。達観すれば、荷を降ろせる。荷を降ろせば、風呂敷包を投げ捨てたに等しい。

　ある人は、仇恨無く、只雑事が多いだけである。禪坐の際にはこれも暫時降ろす必要が有る。雑念が多く、次々に現れるのであれば、青陽禪法の「一念を以て万念に代う」の雑念駆除法を使って雑念に抗（あらが）っても良い──"拝通青陽身外身（はいつうせいようしんがいしん）"を黙然する。

　達観するのが容易でないなら、無爲と成るのは更に容易ではない。これは"心法"である。甚大なる"心法"である。即"大心法"である。忘る勿（なか）れ、大菩薩の別称は"大士──大心之士"である。

四、三要素

　要素とは、重要な素因の事である。一篇の文章には、その中心思想が有り、一件の事情には、その中心素因が有る。中心素因は非常に重要であるから、要素という訳である。禪坐で良好な効果を得たいと思うなら、禪坐の要素を把握するのが肝腎である。

　青陽禪法を修練するには三つの重要な成功要素、即ち三要素が有る。

三要素は"三調"であり、次の様に分ける。

（一）調身

　調身(ちょうじん)は調形(ちょうぎょう)ともいい、禪坐の第一歩である。禪坐に適した場所を探して坐し、要求に従い一つの姿勢を取り、手印（手語）を結び、この手話で青陽身外身に今回何を修練するか伝える。必ず身体を快適な状態に整えなければならない。この様にすれば比較的容易に禪態に入(い)られ、そして少し長く禪坐しても良い。とにかく、調身は調心の爲に奉仕するのである。

（二）調息

　調息とは呼吸を整える事である。
　調息も亦(また)調心の爲に奉仕する。
　心態を平穏に保つ爲には、急促に呼吸しては成らない（息が荒く、喘ぐ様な）。さもなければ入静出来ず、入静出来なければ、入定(にゅうぢょう)出来ない。然るに、静心の前に、真っ先に調息する。調息の準則は柔和・柔軟・深長である。吸気は綿々として、呼気は微々とする。呼吸は柔軟・連綿・深長にして、平時に異なる。"逆腹式呼吸"の禪法が未だ強調せられぬにつき、一律に"腹式呼吸"を採用する。

（三）調心

　調心は禪法修練の"三要素"の核心である。

　修練する時、如何なる事項を操作するのであれ、皆調心の目的を達する爲である。調心の重要性が窺(うかが)える。

　禪法修練の高い境地、"禪態"へと進入する。真の"禪態"へと入(い)るこそが、數多(あまた)の修練者が千古より追い求めた"禪"である。

　"禪態"に入り得る方法は"禪法"と称される。全体の過程は（学習と禪坐等を含む）、"禪修"と称され、"禪態"中に多くの人に往々或いは時々"定身(ぢょうじん)"（意識ははっきりしているが、身は動かせず）が現れる。これは、"禪定(ぜんぢょう)"と称され、禪法を修練する過程で、ふっと現れては消える"禪態"は、"禪機"（禪態の機会に進み入る）と称されるが、禪法を修練する過程に於て、"禪中"と称される。禪態から覚醒状態に戻るのは、"出禪"と称する。脈動する平和・緩慢・健康の心は、"禪心"と称される。

　もし一人の修練者が、調身・調息の方法を利用せず、心情を平静（調心）に保とうとすれば、禪態（修練成功者は除外する。修練の素質が有る禪修者は、刹那に入、出禪態に入る事が出来る）に入るのはむつかしい。

　禪態に於ては、多くの事が成せる。例えば、通霊して事問う、自分と他人の身体を調整する、霊魂竅穴(きょうけつ)を出づ、遙視(ようし)等。

　禪法を修練するには、禪態は斯くも重要である。では、如

何なる状態が禪態であるのか。筆者は一枚の図を描き、読者が一目で理解出来る様にした。図六を参照されたい。

正常な人であれば、睡眠時間以外は、ずっと醒めた状態である。が、"不正常な"人（修練の素質有る者や生れ乍らにして天眼を開いた者を含む）は、然し長時間禪態に留まる事が出来る。

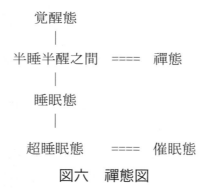

図六　禪態図

いささかの修練の有素質者は、日常生活の中で、禪態に入る必要が有る度に禪法を修練する必要は無く、又目を閉じる必要も無く、思念を用いれば直ちに一瞬にして禪態に入り、事を済ませた後、又一瞬にして禪態から正常な覚醒状態へと回復する（思念を利用する）。これは一種の修練ステージであり、又一種の小術でもある。

青陽禪法にして見れば、万般の神通は皆小術であり、唯涅槃有りて大道と爲すのみである。これ等の小術は、己を渡し人を渡す道具に過ぎない。正しく使えば、人を助け己を幇け、

乃至は大道を成就するが、使い誤れば、人を害い己を害い、乃至は悪道に堕ちる。であるから、慎重に注意深く、くれぐれも口から出任せを言ってはならない。

調心には数々の方法が有る。例えば、數息法・瞑想法・聽浪法・觀潮法等である。青陽禪法は「一念を以て万念に代う」という方法を採用して居る。この方法を採用するのは、簡単且つ実用的であり、効果が著しいからである。

三調は人体の陽魂（表層意識）を調える爲に、原魂（潜在意識）を調え上げる。調身と調息を用いて身体を駆して、睡眠態へ入らない様にし、調心を用いて覚醒態を低下させる。一旦禪態に入れば、潜在能力を開放して、智慧を増し開き、異能を顯化する。

人体の大脳には、禪態に使用される爲に残されている領域が有る。生れてから死ぬ迄ずっと存在しているとはいえ、未だ曾て禪機が現れた事が無い人にとっては、これを一生持って居ても、終生起動する事も無い。我等が青陽禪法を修練するのは、この"領地"を開発して、それが我等の爲に効益を生む様にする、それも高い効益を得る爲である。それが我等の人体にもたらす効益は、金銭では購えないものである。であるから、たとえ少し許り開発した（一度禪機が現れたことがある）だけであっても、我等が受ける益は浅薄ならぬものがあろう。然し過度に"開発"を追い求めるべからず、只心情は平静に、徐ろに修練すれば、必ずや收穫が有るだろう。

ある未来佛宗教協會の会員が筆者に書翰を寄せて言う事に

は、「私は某大師に跟隨して禪坐する事十余年、毎回終わる迄の間に船を漕いでしまうばかりで、何も分かりません。師父は君には高い功夫(クンフー)が有り・霊魂竅穴(きょうけつ)を出(い)づると言います。これは正しいのでしょうか」と。

　筆者は「貴方がお手紙の中で言われた事から察しますに、覚醒態から直接睡眠態に入ったという事でしょう。これは人の本能です。己を馭して直接睡眠態へ入らない様にしてこそ、高い功夫が得られるのです」と返信した。

　禪坐とはこの様なものなのである。ともするとずっと覚醒態に在り、ともすると直接睡眠態へ入り、禪態中に静止させるのは難しい。よって訓練が必要なのである。

卷九 注意事項

一、禪坐前の準備

　まず比較的に安全・静粛な場所を選ぶ。身に附けた各種の拘束物及び鉱物を外す。例えば腕時計・眼鏡等。ネクタイ・ベルトを緩め、出来る事なら、ゆったりとした衣服を着ると良い。

　禪坐前、必ず大小用を済ませる事、これは重要である。修練者の中には、この事に注意が行かず、五分も禪坐できず、直ぐに出禪して用を足しに行くが、これでは修練の効果に影響する。

　禪坐前に、もし喜怒哀楽の情緒が顕れる事が有れば、必ず鎮めなければならない。顔には笑みを湛え、表情は自然にする。禪坐時には、思想意識及び全身の経絡・神経・筋肉・血管・関節等は弛めると良い。

二、環境に対する選択

　家中での修練は、室内の寝台の上か地べたの上という選択があるが、寝台の敷物が柔らか過ぎるのは良くなく、硬めの敷物を選ぶ必要が有る。天気が温暖である時は、環境が静謐で空気が新鮮な森林・水辺・露台・公園等の場所を選ぶと良い。

　室内での禪坐時は、窓を開けるならば、網戸や格子戸は引

いて置いた方が良い。

　禪中に発汗があった場合、出禪後は直ぐに冷水を浴びてはならない。

　颱風・雨降等の時は、勿論(もちろん)室外で修練するべきではない。

　夜間は花卉(かき)の傍らや樹下で修練しては成らない。なぜなら大部分の植物は昼間は二酸化炭素を吸収し、酸素を放出するが、夜間は酸素を吸入し二酸化炭素を放出する。我々は現代人であるから、佛陀の時代の様にして菩提樹の下に坐して修練する必要もない。更に言えば我々もそんな能力や条件を具えては居ない。

　毒気の有る植物の旁で修練するものではない、例えば夾竹桃(きょうちくとう)等。

三、時間と方向

　禪坐時間の長さは修練者の体調・都合・力量に拠り成さねばならぬ。該禪法を修練し始めたばかりの時、毎回の禪坐は、三十〜四十五分で良く、馴れたらやや時間を長くすると良い。仕事が忙しければ、毎日禪坐一回で宜しい。閑(ひま)を見つけて修練すれば良い。幾日も練って居なくても、幾日後に改めて練れば、前功を悉(ことごと)く棄てる事にはならない。

　一日二十四時間、いつ何時(なんどき)でも修練しても良い。毎回修練の時間は長短自在、完全に自分の情況に応じて按排すれば良

い。

　食前・食後の修練も良い。但し過食は禪坐に宜しくない。

　古人は時間に比較的ゆとりが有り、彼等の禪坐の時間は、時辰（じしん）に依って計算されたものであり、毎回の禪坐時間は、一刻坐するを以て起点とした。であるから、古代の修練者の中には、得道者が甚だ多い。一刻は、現代の二時間である。

　禪坐時の方向は、東西南北いずれの方向を向いても良い。

四、生活の調節

　禪坐前に適当に白湯（さゆ）を飲むと良い。虚弱体質の者や病状が重い者は、食物を口にしても良い。禪坐前の過食飽食はいけない。過食すれば、坐し得ずもしくは坐しても辛いだけであるから、腹熟（ごな）しをしてから禪坐をされたい。

　喫煙・飲酒問題に関しては、およそ禪修者であれば、成るべく減煙・禁煙し、酒は適量嗜（たしな）むか禁酒すべきである。酩酊してはならない。酒に酔えば悪業を成し、身体を害（そこな）い易い。酒が醒めたら、禪坐して良い。

　肉食するか菜食するかに就ては、完全に自己の嗜好と身体の慾求とに拠って決めるべし。特別な要求が無ければ、食べたければ食べ、食べたくなければ食べない。

　性生活の問題に就ては、靑陽禪法を修練するに、百日築基（はくじつちくき）は無く、性生活を禁忌とはしない。但し注意すべきは、靑陽

禪法の修練を通じて、性機能は以前より強化される。性機能が強化されたからといって、慾を恣(ほしいまま)にしてはならず、正常な生活規律に従い性生活を按排して、自然に順応するべきである。

　女性が妊娠期或いは月経期に在る時は、中丹田を守る事を心得よ。妊娠期に靑陽禪法を修練すれば、優生作用を生じ得る。

五、己を掌握する

　軽い感冒の患者は、普段通り修練して良い。重い感冒の患者・発熱有る者やその他重病者は、医療機関での治療を優先し、修練を暫時停止する。

　出禪後には、必ず収功しなければならない。収功は良く運転士がブレーキを掛けるのに比せられ、ブレーキ操作が巧みであってこそ、安全が確保できる。であるから、収功を重視する訳である。収功速度は遅くしなければならず、まだ収功しない内には、大声で話したり、動いてはならない。

　古人いわく、「禪坐して収功せざれば、老いて一場の空なり」。これは毎度の修練で得る炁は、須らく庫房（丹田）に収められるべく、さもなければ容易に散佚(さんいつ)してしまうであろう。丹田に収め、己の舍利子と融合して一体となり、労苦一時で永く安逸で居られる。我々の舍利子は、その上に我々の

"印記"が有る爲、体外へ飛び出てしまっても、"召返し"の思念を発するだけで、それは直ちに回帰する。

舍利子は、生霊が法界に於て擁する財産であり、天條を受けて保護される。従って濫りに盗んだり、持ち去ったりすることは出来ない。でなければ、天條に叛く事になる。

然し乍ら炁は同じからず、これは天條の管制を受けず、自由に用いられる。従って、毎度の修練で得た炁を己の丹田に収め、こうして炁は永遠に自己の財産と成るのである。

六、驚禪と解驚

禪中にて、突如として聞こえた音声に驚き、内炁運行の混乱を来たすと、心意は乱れて、全身が不快になる。これを"驚禪"と呼ぶ。

そこで、禪坐者は驚禪を防ぐ爲、安全な場所を選択して修練する必要が有る。もし本当に驚禪となってしまった場合でも恐れる事はない。くれぐれも眼を開けては成らない。解驚する方法は、まず意守を放棄してから、「恐れる事はない —— 大丈夫だ ——（数度繰返す）」と黙念する。黙念の声色は柔和・悠長で、波状の起伏を帯び、身体が正常になるまで黙念すると驚禪を解き得る。

七、丹田の位置

　丹田は面であって、一個の点・穴位ではない。実の所、高ステージの修練者に在っては、身に多くの丹田が有る。然し主要な丹田は三箇所のみであり、それらは上丹田・中丹田・下丹田である。

（一）上丹田

　上丹田は、大体頭蓋の中部区域に存在する。前面は印堂に開穴し、後面は脳戸(のうこ)に開穴し、上面は百會(ひゃくえ)に開穴し、中脈と聯通(れん)する。吾人が普段言う所の松果体(しょうかたい)は、上丹田中心部に位置している。

（二）中丹田

　中丹田は大体胸部辺りに存在する。前面は膻中(だんちゅう)に開穴し、後面は神堂(じんどう)に開穴し、中脈と聯通する。上面は上丹田に連接し、下面は下丹田に連接する。

（三）下丹田

　下丹田は大体小腹部の辺りに存在する。前面は關元(かんげん)に開穴

し後面は命門に開穴し、下面は會陰に開穴し、中脈に聯通する。上面は中丹田に連接する。

八、その他注意事項

　禪坐者が禪中に発汗した際は、出禪後、乾布で汗を拭き取る事。冷たく湿った手巾は用いぬ事。出禪する前は衣服を脱がぬ事。夏季は禪坐の前に、準備を良くして置き、蚊や虫に刺されない様にする。修練に影響しない様に。

　病状が重い場合、目下通院・医師の治療を受けている、そして薬を服用の修練者は、禪修を理由に治療と服薬を停めては成らない。禪修の過程に於て、突然病を得たり、突発性の疾病を患った場合は、医師に掛り治療を要する。病状の停滞、大過を来さぬ様に。

　もし出禪後具合が悪くなったり、出禪不能になった時は、慌てず自然で平静な心態の下、「拜通靑陽身外身」と黙念すれば、身体は即ち正常に恢復する。

　靑陽禪法修練者は、その他の如何なる禪法を修練しても良いし、他の禪法を修練した事がある者が靑陽禪法を修練しても良い。何ら衝突は無かろうし、流派・宗派の見も無かろう。百家禪法各々長ずる所有り、宇宙人生の眞諦は然し恆久不変なのである。この修練者が大徹悟しさえすれば、どの禪法を修練するやに関らず、均しく成就を得るのである。

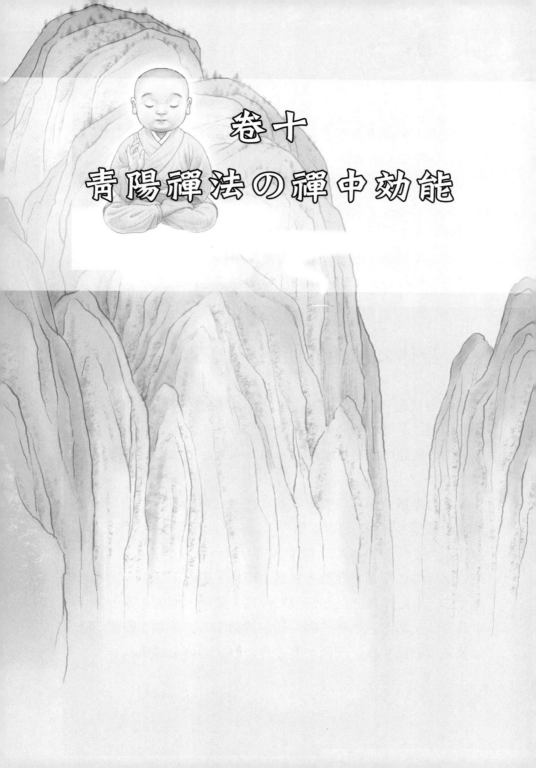

卷十
青陽禪法の禪中効能

青陽禪法を修練すると、多く禪中効応が現れるが、これは好ましい現象である。
　ある修練者は、現れた現象が禪中の効応であるのか、良からぬ反応であるのか判断が付かず、結果的に禪中の効応を悪い現象であると思いなして恐懼(きょうく)し始める事になる。修練を已め、坐して好機を逸し、大過を犯す事になる。
　禪中に現れる主な効応は以下に紹介する通りである。

一、身体に触発効能が現れる

　眞炁の活動・経絡の起動に由り、禪修者の身体各部位は、程度の差こそ有れ触発効応が発生する。
　人体の経絡の霊敏度は異なる爲、人それぞれ感覚は同じではない。
　経絡の霊敏度が遅鈍である者は、感覚が小さく、甚だしきは何の感覚も無い、超霊敏型の人は、感覚が大きい。例えば、身体が大きく・小さく・軽く・重く成ったりするのを感じ、或いは身体に冷却・発熱・怠(だる)さ・痺れ・脹(む)み・痛み・痒(かゆ)みを感ずる、もしくは四肢(し)が無限に伸長・萎縮・消失すると感ぜられる。又ある人は脈・肉・筋が搏動(はくどう)する、そして腹部が隆起或いは陥没する、関節が鳴る等の触発効応を感ず。

巻十　青陽禪法の禪中効能

二、"唾涎"が増す効能が現れる

　青陽禪法を修練すると、口水(こうすい)（唾涎）が増す効応が現れる。口水(こうすい)とは即ち唾液(だえき)である。何故ここで口水と言って唾液と言わないのか。これは、漢土のある字と関係が有る。その漢字は活命の"活"字である。"活"を分解して読むと、"千口水"と成る。余輩は、"千口水"が有ってこそ命永(なが)らえ得るので、口水多くして健康長寿である。

　人体の病の多くは、病人の口舌(こうぜつ)を乾燥させる。糖尿病が良い例である。

　口水が多い人は、消化機能が高く、吸収機能も良いから、身体健康である。であるからして、禪中に口水が増す現象が現れるのは、とても良い効応なのである。

　禪中に口水が増せば、三度に分けて嚥下(えんげ)し、思念で丹田へと送ると良い。

三、腹鳴効能が現れる

　ある修練者は、禪坐時に肚が"ゴロゴロ"鳴る効応が現れ、更に禪中頻(しき)りに放屁する。これ等は良い現象である。放屁に就ては堪(こら)えず・息(りき)まずの態度を採られたい。

四、炁が病根を攻める効能が現れる

　幾許かの修練者は、修練を始める前から、身体には何ら悪い所は無い。幾日か禪法を修練してから、幾つもの宿病が再び冒すが、修練を堅持する事幾日、これ等の症状は全部消失し、身体は正常に恢復する。
　これは、炁が病根を攻める良い効応である。
　又、「元々の持病が良くなっても、"根"をこそがない内は、再発の可能性が高い」と言って置こう。
　現在、我々が修練した"炁"は、自動的に体内に残った病根を除いてくれるので、以後再発はしないであろう。
　無論、もう一つの可能性を排除する事は出来ない。修練期間に新たな病を得る事である。これは具体的情況に依って、具体的に分析する他無い。もし本当に新たな病を得たらば、医師の診察を受けて、病情が長引かない様にするべきである。

五、哭・笑効能と自ずと動く効能とが現れる

　ある修練者は、禪中に思わず、泣いたり笑ったり、全身が動いたりし、遂には奇蹟の様に健康を恢復する事がある。
　これは一種の病氣漏洩(ろうせつ)・健康恢復の良い効応であり、経絡

疏通の好現象である。故に自己を駆（ぎょ）する必要は無く、その自然（したが）に順いそれを消散させるが儘（まま）にした方が良い。

六、双方向調節効能が現れる

ある修練者は、青陽禪法の修練を経た後（のち）、双方向調節という良い効応を顕（あらわ）す。

以前は発汗が多く、禪修後の発汗は少なく、或いは、以前は発汗少なく、禪修後は発汗が多く、以前は心搏（しんぱく）が速く、禪修後は心搏（しんぱく）がゆっくりになった、以前は心搏（しんぱく）が緩慢であったが、禪修後は心搏（しんぱく）が急速になった。又、血圧が低かったり高かったりしたが、禪修後は正常に恢復した、以前は肥満だった者が、禪修後痩せた、以前痩せ過ぎであった人が禪修後体重が増えたとか。

以上は皆禪修後に現れる双方向調節効応である。

七、"辟穀"の効能が現れる

ある修練者は、修練の過程に於て、突然食事を摂れなくなり、食べてすぐ嘔吐し、食べずとも飢えを感じず、併も精力・体力及び体調は、食事を摂っていた時より良い。これが"辟穀"（へきこく）効応である。

辟穀とは、「不食人間煙火」、詰り人間の煙火で齎いだ食物を食べない事である。ある人は果物を食べ、水を飲むのみである。

　実の所、この修練者は物を食べぬのではなく、食道を通して食物を摂るのではなく、身体の別の部位を通して人体に必須のエネルギーを吸収しているだけなのである。このエネルギーは、我々が食べる五穀雑穀の作用よりも高いものである。

　辟穀に真贋有り、辟穀であるか否かを分析するには、飲まず喰わずであるか見て、それで猶精気が漲り元気であり、且つ大小便が正常であるかを観察して見る。そうであれば、真の辟穀であるが、そうでなければ、偽りの辟穀である。

　又神通を利用して識別する方法も有る。天眼で辟穀者の胃を診て、何も食べて居ない情況下で、胃の中に猶も果物等の食物が存在しているならば、真の辟穀であり、胃の中が空であれば、これは偽りの辟穀である。

　辟穀は、言って見れば一種の"運搬法"であり、法身が操っているのである。然るに飲まず喰わずでも胃の中には普段通り食物が有り、大小便が正常である訳である。

　吾人が辟穀の原理を知ったからには、くれぐれも辟穀を強行しては成らない。辟穀を強行すれば、身体を害い、結果は深刻であり、倣ってはならない。

八、神通顕化効能が現れる

　ある修練者は、禪修の過程に於て、縁し（仕合せ）の特に良きに由りて、神通を獲得する。具体的に表現すると"五眼六通"である。

　"五眼"は「肉眼・天眼・慧眼・法眼・佛眼」である。

　"六通"は「天眼通・天耳通・宿命通・他心通・神足通・漏盡通」である。

　（"五眼六通"に就ては、已に一冊目の敎典『現代佛敎の謬見より出でよ』の中で詳細に紹介して居るので、ここで重ねて述べる事はしない。上掲書の三四三頁を参照されたい。）

卷十一
青陽禪法

一、第一部：靈炁禪

（一）第一步：自然禪

　　相伝に便ならしめ、教授を容易ならしめる爲、特にこの"方便禪"の項を設けた。形式に拘泥せず、効果のみを追求する。全く青陽禪法修錬の"三要素"に則り──調身・調息・調心にて修錬を進める。

　　自然禪は入門禪である。又「青陽禪法を修錬する決意を固めて居ない時、一まず試しにやって見て、続けてもっと深く究めて修錬して行くかどうか判断する」と言っても良いかも知れぬ。

　　自然禪の修錬方法は、既に教典①の後半で公にして、この禪法を世に出した爲、教典②──『禪修密中祕』に引継ぐ事となった。禪法の一貫性の爲、教典①中の"自然禪修錬法"をここで改めて再述する。

　　＊修錬方法

　　自然禪の修錬には、環境・時間・場所に就ては厳格な要求は無い。

　　姿勢は坐・臥・立もしくは半臥(はんが)等を選択し得る。ともあれ、自分が心地良く寬げると感じる姿勢を選択するのである。

　　姿勢を選び終えた後、両眼は微かに閉じ、両唇は軽く合せ、

口は唾で湿らせる。舌先は軽く上顎に附け、心情は平静に、微笑して、全身はゆったりと寛ぐ。全身がゆったりと寛ぐのを待って、「拜通青陽身外身」と黙念を開始し、その回の禅修を終える迄黙念を続ける。修練者が「拜通青陽身外身」と黙念し始めた時、"青陽法身團"の法身は"漏盡通"を藉りて、直ちに情報を受取り、その儘超光速で修練者の傍らへ至り、修練者の爲に靈炁を加持する。

　修練者が修練を終える時は、三遍「出――禪――」と黙念するだけで良い。そしてゆっくりと眼を開け、手足を動かし、話をしても良い。（上の文字間の"――"の符号は、音を引延す事を意味する。以下之に倣う。）

（二）第二步：會議禪

　會議禪は読んで字の如く、衆人の聚会乃至は万人の聚会に於て使用する禪修方法である。この禪法は簡単・実用・利便である。

　會議禪には、"高坐禪"と"立禪"の二つの禪法しかない。時間が長くなる場合や体質が虚弱な者は、一般的に"高坐禪"を採用し、時間を短くする場合や体質が強壮な者は、"立禪"を採用する。

1．高坐禪

　高坐禪は、一般に高さ四十cm程度の座位上に坐する者であ

る。例えば、映画館・会議室・家庭の椅子等。具体的に要求されるのは、「まず安全な椅子を選び、椅子の前三分の一の部分に坐り、"會陰穴（えいんけつ）"を露出させ、"會陰穴"が椅子と人体の間で圧迫されてはならない」と

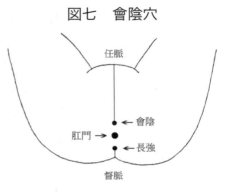

図七　會陰穴

いった具合である。"會陰穴"の具体的な位置に就ては、図七を御覧頂きたい。

①姿勢

　両脚は地面に平らかに着き、肩幅と同じに開き、両脚先は横一直線上に来る様に置く。両手の掌（たなごころ）は天に向け、それぞれ両腿の付根に載せ、拇指は自然にし、その他の四指の先は離れて相対する様にする。図八〜十を参考にされたい。

図八　高坐禪 —— 手印

巻十一　青陽禪法

図九　高坐禪 ── 正面

図十　高坐禪 ── 側面

②入静導引詞

（語調は柔和、悠長にして、波の様に起伏を帯びる。）

姿勢を正した後、頭を正し身を真っ直ぐに——、両眼は微かに閉じる——（或いは一条の光が漏れる様にする）、両唇は軽く合せ——、口腔は唾液で湿らせ——、舌先は軽く上顎（あご）に附ける——、心情は平静に——、笑まいを湛（たた）え——、笑いを含み——、顔を顰（しか）めず、この笑みは——、内心よりの笑みであり——、体内より——体外へと——拡散し、揺蕩（たゆた）い——、浩瀚（こうかん）なる宇宙と共に笑い——一笑に附し——憂い無く——悔い無く——朦朧（もうろう）として——、眠る如くして眠りに非ず——、眠る様な——、又眠らぬ様な——、思う様な——、又思わぬ様な——、聴く如くして聴くに非ず——、聴いている様な——、又聴いていない様な——、己を一種の——朦朧状態に置き——、半ば睡眠し——炁に接する状態の中で——、全身の心地は楽にして——、頭を弛め——、眉を弛め——、瞼（まぶた）を弛め——、顔面を弛め——、頸（くび）を弛め、肩の関節を弛め——、肘の関節を弛め、腕の関節を弛め——、二の腕を弛め——、肩を弛め——、背を弛め——、脊椎の一節一節下へと弛め——、腰を弛め——、臀部（でんぶ）を弛め——、髖骨（かんこつ）の関節を弛め——、膝関節を弛め——、踝（くるぶし）の関節を弛め——、大腿を弛め——、脛を弛め——、全身の筋肉を弛め——、經絡を弛め——、血管を弛め——、全身裡（うち）より外へと——、頭から脚まで——、統べて楽に——、楽に——、楽に——。唸ずれば、青陽の力氣が至る——。

巻十一　青陽禪法

「拜通青陽身外身」と黙念する。（少なくとも三度）

　③入静
　入静導引詞を終えた後、徐々に入静できるのが理想的である。入静できなかったとしても、寛いだ状態は保たねば成らない。"炁は弛んだ処へ流れる"という事に留意せねばならない —— 寛げば炁を得、寛がざれば炁を得ぬのである。
　放鬆は身体への基本的要求であり、そして入静は則ち大脳の思想的境地である。基本的な方法を通して、思考をある境地に入らしめる。これが禪であり、その方法が禪法である。方法より境地に至る全過程が禪修である。
　入静にも方法があるのである。ある人は雑念が多く、思考を平静にする事が出来ない。であれば、「一念を以て万念に代え、万念を抱く」という方法を採れば良い。例えば、「拜通青陽身外身」と黙念する、或いは「拜通青陽身外身」の音楽を流す等の方法である。
　入静の過程に於て、"自ら発動"するものが無ければ、妄動せぬ事である。「動なれば則ち陽を生じ、静なれば則ち陰を生ず」。入静すれば陽魂の活力を下降させ、陰魂や原魂の活力を向上させる。我々の身体が活動すれば（自ら発動するのを含まず、自ら発動するものはそれに従い動き、却って思念で制禦できない）、特に目を見開いていると陽魂が高まる。こうして我々の入静過程は失敗を宣告される訳である。再度入静せんと思えば、初めからやり直さねば成らない。

謂わゆる"禪心"とは、一片の禪修の心を有する事である。禪法を修練する時、大脳を静穏にして、須らく緩慢な心搏を維持するべきで、心搏が速過ぎると定めて入静できない。故に禪心は急かず焦らず・慌てず騒がず・平穏温和且つ緩慢な心態と言える。これが道家が修練中に言う"文火"である。文火で羹を煮込み薬を煎じ、文火で食物を煮付け、又一片の成熟した禪心を得る迄禪法を修練する。

　一個の修練者として、禪坐中天眼を以て図像を見てすぐ、緊張し又驚喜し、心搏が速くなり、陽魂が直ちに高まり、先程現れた甘美な感覚は、一瞬にして"雲散霧消"してしまう。修心は禪修にとって如何に重要であるか見て取れる。

　畢竟入静の重要な節目は調心である。禪法の修練に関する三要素は、前面に於て既に詳細に講釈したから、ここでは再度多くを語る事はしない。

　入静の最重要任務は放鬆であり、放鬆を学ぶ事は禪法を学ぶ事である。放鬆は、弛緩と懶惰ではなく、正形の改変でもなく、鬆中に緊有り、緊にして硬直せず。放鬆という問題には決して二つの極端が有ってはならない。一に懶惰・懈怠、こうなると睡眠状態に入り易い。二に過度に姿勢の高低・角度の大小等の細節に拘り、何となく自分が誤っているのではないかと感じ、爲に精神上の緊張・憂愁と焦燥を来たし、逆に放鬆に影響し、調心に不利となる事である。であるから、禪坐中の一切はまず放鬆に服従せしめねばならない。さもなくば調心もその有るべき意義を失ってしまう。

巻十一　青陽禪法　　149

④出禪と収功

1）収功を思念する

（導引詞を念じ、語調は柔和・悠長で、波状の起伏を帯びる。）

良——し——、良——し——、黙念——、黙念——、出——禪——しよう——、出——禪——しよう——、出禪するぞ——。

2）收炁歸元

收炁歸元するには、両腕は自然に下に垂れ、掌は天に向け、「青陽の力氣が——やって来る——」と想像する。そして徐ろに持ち上げ、空中で大円を描く様に、男性は左手を内側に、女性は右手を内側にして下丹田の処に重ねる（月経期と妊娠期の場合は中丹田に重ねて置く）。その儘上から下へ、男性は左廻りに、女性は右廻りに、九度廻し、然る後反対方向へ九度廻す。図十一を参考せよ。

図十一之一　收炁歸元分解①

図十一之二　収炁帰元分解②

図十一之三　収炁帰元分解③

図十一之四　收炁歸元分解④

3）顔面乾洗

前述の動作後、顔面乾洗を行う。両手を合掌し指先は天に向け、手の平を摩擦し、そして顔面の下部から、上へと顔を九回擦り上げ、「若く ── 、皺(しわ)が伸び ── 返璞歸樸(へんはくきぼく) ── 、嬰児の頃に返り ── 、母親の懐に抱(いだ)かれ ── 、膚(はだ)の色は益々良く ── 青春年少を回復する ── 」と唸ずる。

前述の動作を完了してから、徐(おもむ)ろに眼を開け・歩き・口を開(ひら)いても良い。

２．立禪

禪坐に適しない場所や人が多い、或いは場所が狭い状況下（例：衆人の聚会）では立禪で集団修練を行う方法を採る。これはとても良い修練方法である。立禪は、占める空間が小

さく、教え易く学び易く、簡単・便利・効果的である。

①姿勢

　自然に立ち、両脚は肩幅と同じに開き、両脚先は横一直線上に置き、両膝は微かに曲げ、両手は自然に下に垂れ、両肘はやや前へ出す。図十二〜十三を見よ。

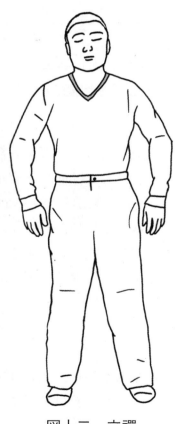

図十二　立禪

巻十一　青陽禪法　　153

図十三　立禪側面 ── 両膝をやや曲げた姿勢

　②入静

（導引詞を唸じて語調は柔和・悠長に、波状の起伏を帯びる。）

　姿勢を正した後、頭を正し身を真っ直ぐに ──、両眼は微かに閉じる ──（或いは一条の光が漏れる様にする）、両唇は軽く合せ ──、口腔は唾液で湿らせ ──、舌先は軽く上顎に附ける ──、心情は平静に ──、笑まいを湛え ──、笑いを含み ──、顔を顰めず、この笑みは ──、内心よりの笑みであり ──、体内より ── 体外へと ── 拡散し、揺蕩い ──、浩瀚なる宇宙と共に笑い ── 一笑に附し ── 憂い無く ── 悔

い無く──朦朧(もうろう)として──、眠る如くして眠るに非ず──、眠る様な──、又眠らぬ様な──、思う様な──、又思わぬ様な──、聴く如くして聴くに非ず──、聴いている様な──、又聴いていない様な──、自身を一種の──朦朧状態に置き──、半ば睡眠し──无に接する状態の中で──、全身の心地は楽にして──、頭を弛め──、眉を弛め──、瞼を弛め──、顔面を弛め──、頸(くび)を弛め──、肩の関節を弛め──、肘の関節を弛め──、腕の関節を弛め──、手臂を弛め──、肩を弛め──、背を弛め──、脊椎の一節一節下へと弛め──、腰を弛め──、臀部を弛め──、髖(かん)骨の関節を弛め──、膝関節を弛め──、踝(くるぶし)の関節を弛め──、大腿を弛め──、脛(すね)を弛め──、全身の筋肉を弛め──、経絡を弛め──、血管を弛め──、全身裡(うち)より外へと──、頭から脚まで──、統(す)べて楽に──、楽に──、楽に──。唸ずれば、青陽の力氣が至る──。

「拜通青陽身外身」と黙念する。（少なくとも三度）

全身を楽にしてから、調心法に従い自身を入静させる。楽に入静して自然に、硬直せず然し懈怠(けだい)にならぬ様にする。

③出禅と収功

1）収功を思念する

（導引詞を念じ、語調は柔和・悠長で、波状の起伏を帯びる。）

良──し──、良──し──。「脚の平を想い浮かべ──脚の平の湧泉(ゆう)穴を想い浮かべ──」（鉤括弧内のこの句は二

遍重ねて唱える)。この強力な力氣を導いて行く —（又一遍重複する)。黙念 —、黙念 —、出 — 禪 — しよう —、出 — 禪 — しよう —、出禪するぞ —。

2）收炁歸元

收炁歸元するには、両臂は自然に下に垂れ、掌(たなごころ)は天に向け、「青陽の力氣が — やって来る —」と想像する。そして徐ろに持ち上げ、空中で大円を描く様に、男性は左手を内側に、女性は右手を内側にして下丹田の処に重ねる（月経期と妊娠期の場合は中丹田に重ねて置く）。その儘(まま)上から下へ、男性は左廻りに、女性は右廻りに、九度廻し、然る後反対方向へ九度廻す。

3）顔面乾洗

前述の動作後、顔面乾洗を行う。両手を合掌し指先は天に向け、手の平を摩擦し、そして顔面の下部から、上へと顔を九回擦り上げ、「若く —、皺が伸び — 返璞歸樸 —、嬰児の頃に返り —、母親の懐に抱(いだ)かれ —、膚の色は益々良く — 青春年少を回復する —」と唸ずる。

4）尾閭(びりょ)を廻す

両手を腰に当て（手の平は前へ向け）、男性は左へ回りに、女性は右へ回りに、九度旋廻する(尾閭(びりょ)を廻し前より後ろへ)、そして今度は反対方向へ九度旋廻する。図十四を見よ。

以上の動作を終えた後、徐（おもむ）ろに眼を開け・歩き・話しても良い。

（三）第三歩：低坐禪

　低坐禪とは、私達が普段禪坐と言っているものの事である。
　古代の我々の先人 ── 歴代の修練家は、湿潤冷暗の地べたにその儘坐るのは修練の原則に符合しないと考えていた。因って禪坐の際には"蒲團（ふとん）"（昔日の蒲團は、多くが唐黍（とうきび）（玉

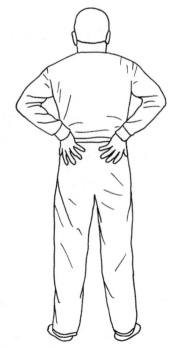

図十四　轉尾閭 ── 両手の位置

蜀黍）の外皮で作られる。まず唐黍の外皮を干して、水に浸し糸状に割(さ)き、編んで辮(べん)として、それからこれ等の辮を巻いて縫い付ける。こうして禪坐に用いる蒲團が完成する。）が必携であった。唐黍の外皮で作った蒲團に坐り禪坐すると、湿冷気を遮る上、硬さも丁度良い。蒲團は地面から近いので、この禪方式を"低坐禪"と称する。現在では物質的に豊かになっているので蒲團の代替品は多い。

　現代人にとっては、低坐禪は高坐禪より難度が高い。なぜならば高坐禪は跌坐(ふざ)する必要が無いが、低坐禪はこれを必要とするからである。跌坐が困難な人も有るが、徐々に練習して行くべきである。跌坐を練るに急いてはならず、順序立てて漸く進んで行くべきで、さもないと肉離れを惹き起し、修練・仕事そして生活に影響し兼ねない。殊に雙盤(そうばん)（結跏跌坐(けっかふざ)）を練る時は、要注意である。無理に筋を伸ばさず、方法を講じなければならない。例えば、先に筋骨を動かし或いは温水の中で練習する等。

　跌坐には、幾つかの姿勢が有り、時により要求に基づき異なる跌坐姿勢を用いる。跌坐の姿勢には以下幾つかが有る。

1．散盤

　両腿は散開し、いずれもいずれを圧迫しない。一般的には、跌坐し得ぬ人に、まず散盤(さんばん)を用いさせて過渡を行う。但し、男性は左腿を内側に、女性は右腿を内側にする事が求められる。図十五〜十六を見よ。

図十五　散盤 —— 男性の姿勢

図十六　散盤 —— 女性の姿勢

2．自然盤

　自然盤は如意坐とも呼ばれる。散盤の基礎の下(もと)、両腿をより内へと収め、交叉状を形作る。矢張り、男性は左腿を内側に、女性は右腿を内側にする。図十七〜十八を見よ。

巻十一　青陽禪法　　159

図十七　自然盤 ── 男性の姿勢

図十八　自然盤 ── 女性の姿勢

3．單盤

單盤は、半跏趺坐とも呼ばれる。

両腿は重ねて置き、男性は左腿を内側に、女性は右腿を内側にする。図十九〜二十を見よ。

なぜ常に男性は左腿（或いは手）を上に、女性は右腿（或いは手）を上にしなければならないのであろうか。これは、男性の左側を陽、女性の右側を陽とし、陽炁はまた正炁でもあり、正炁旺盛ならば邪はこれを侵すべからざれば、身体が

自ずと健康になる爲である。男左女右の方法を採る事に由り、陽炁の循環は速く、力氣は足るのである。

図十九　單盤 —— 男性の姿勢

図二十　單盤—女性の姿勢

4．一字盤

両脚の脚の平は相対し、踵(きびす)を成るたけ内側へ収め、両膝は成るたけ水平になる様にし、脛(すね)が一文字になる様にするが、強いて求めない。図二十一を見よ。

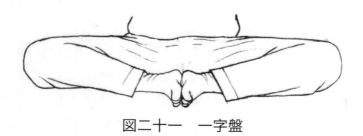

図二十一　一字盤

5. 跪盤

跪盤は跨鶴坐とも呼ばれる。跪いた後、片脚の脚の甲を水平下向きに置き、脚の平は上に向ける。もう片方の脚の甲は下に成った脚の甲の上に置く。そして尻を据える。矢張り、男性は左脚を上に、女性は右脚を上にする。図二十二〜二十三を見よ。

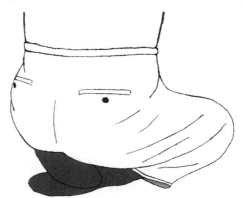

図二十二　跪盤 —— 男性の姿勢

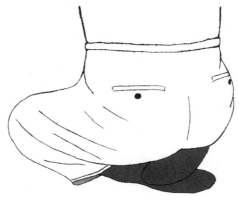

図二十三　跪盤 —— 女性の姿勢

6．雙盤

雙盤は大盤・結跏趺坐(けっかふざ)・五心朝天坐とも言う。図二十四を参照せよ。

　ある人は左腿が上に成るのを"降魔坐"或いは"金剛坐"、右腿が上に成るのを"吉祥坐"であると思っているが、この言い方は不正確である。雙盤時には、男左女右の規定は無いのである。而(しか)して左腿が上の時は、左側の経絡の運行が良く成り、右腿が上の時は、右側の経絡の運行が良く成るという訳である。修練の際は、左腿を上にするか、右腿を上にするかは、必要に応じて定めねばならない。

　一般的に雙盤が必要とされる情況は三つである。

　一つは、禪態に進入し得る人が禪態中に常に禪定を現して、在定中に一般的な盤坐方法を採れば、"倒禪"（体が倒れる）が出現し易く、修練の効果に影響する。"倒禪"しない爲にも、雙盤を採って、身体を始終盤坐状態に処するので、"不倒禪"と称する。

　次いで、上半身の健康を調整する爲、雙盤を採る場合である。雙盤時には下に向う血液の流量は抑えられ、転じて上に向い、上半身に供給される。上半身の五臓六腑・眼・耳・鼻・舌・脳等、短時間の内に高圧の血流が注ぎ入る。血は人体の"大薬"であり、人体に対して自己修復機能を有し、新鮮な血液を介した洗滌(せんでき)と滋潤(じじゅん)は、身体をして自然に健康を恢復せしめるのである。

　第三は、疏通し難い経絡を開通する爲に雙盤を採る場合で

ある。例えば、脊椎骨隧道を打通する（俗称に三關を過るという）、陰陽二脈を打通する（俗称に氷と火の洗礼という）、天目穴を打通する（俗称に天眼を開くという）等である。是もまた高圧の血流の力を借って、強いて炁を巡らせ、因って経絡の疏通・開穴・開竅の目的を遂げる。この方法は"武火"の効応を具えている。

　古人曰く「炁は血帥と為す」と。だが、反対に言えば、血液が炁を帯びるのを利用して循環を行っても良いという事である。

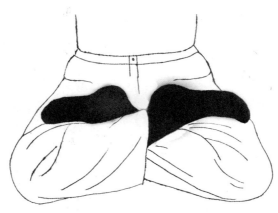

図二十四之一　雙盤①

図二十四之二　雙盤②

7. 随意伸腿坐
　　　ずい い しんたい ざ

　様々な原因で、両腿を趺坐できない修練者も有るが、心から禪坐の修練をしたいと願っている。この様な情況下では、自己に無理強いしてはならない。怪我・事故を起して一文惜しみの百損とならない様にである。

　趺坐できない修練者に禪坐をして貰う爲には、二色の随意
　　　　　　　　　　　　　　　　　　　　　　　ふたいろ
の伸腿坐姿が有り、趺坐が不可能な修練者の選択に供するものである。図二十五を見よ。

　もし一個の修練者が、元々疾病や趺坐が困難となる原因を
抱えて居らず、只両腿が硬いだけであるなら、その修練者に
かか
は、言い訳を探して妥協せず、進んで努力して訓練し趺坐できる様にして頂きたい。

卷十一　青陽禪法

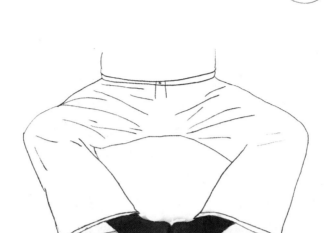

図二十五之一　隨意伸腿坐姿①

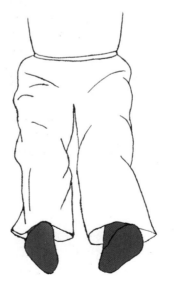

図二十五之二　隨意伸腿坐姿②

＊蒲團に坐する要求に就て

　一個の身体が健康で、行動が正常である修練者は、もし心から修練したいと願うのであれば、須らく真摯に禪坐の要求に相対するべきである。趺坐を始めた許りの頃、いささかの苦痛を忍ぶのは正常であり、必須である。吾人の身体に疾病という障碍(がい)が有り、到底要求の通りできないのでない限り、坐蒲團②の通りにするよう願いたい —— 疾病・障碍者は坐姿図の通りに修練を進める。図二十六を見よ。

図二十六之一　　坐蒲團① —— 健康な修練者の坐姿

巻十一　青陽禪法　167

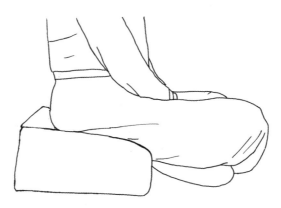

図二十六之二　坐蒲團②──疾病や障碍の有る者の坐姿

❖ "低坐禪" 禪法

1. 第一級

①調身

（單盤。單盤の隨意は能(あた)わず、強いて求めず。）

男性は左腿を上に、女性は右腿を上にする。両手は相重ね、男性は左手を上に、女性は右手を上にする。女性は右手拇指を左手の拇指と食指の間に置き、右手の拇指の先は左手の虎口(ここう)を支える。女性は左右上下を置換すれば良い。然る後両手は腿

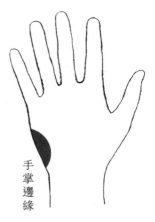

図二十七
手の平のへりの部分

の上に置き、掌の縁（図二十七を参照）は、小腹に附ける（女性の月経期と妊娠期は、手印は中丹田の域に置く）。図二十八〜三十一を見よ。

図二十八　第一級禪法 ── 男性の姿勢

図二十九　第一級禪法 ── 女性の姿勢

図三十　第一級禪法 ── 男性の手印

図三十一　第一級禪法 ── 女性の手印

②調息

呼吸を緩慢に、呼吸の回数を減少させて、呼吸をより一層軽く、細く、ゆっくりにする程良い。

③調心

数息法を採る事も良く、脳裏には呼吸回数を数える他、一切の事を考えない。帯功音楽（例：拝通青陽身外身）を伴って入静しても良い。一念を以て万念に代え、万念を抱（いだ）き、千々に乱れる心を引き留（とど）める。

＊入静導引詞

（語調は柔和、悠長にして、波の様に起伏を帯びる。）

姿勢を正した後、頭を正し身を真っ直ぐに ──、両眼は微かに閉じる ──（或いは一条の光が漏れる様にする）、両唇

は軽く合せ──、口腔は唾液で湿らせ──、舌先は軽く上顎(あご)に附ける──、心情は平静に──、笑(え)まいを湛(たた)え──、笑みを含み──、顔を顰(しか)めず、この笑みは──、内心よりの笑みであり──、体内より──体外へと──拡散し──、揺蕩(たゆた)い──、浩瀚なる宇宙と共に笑い──一笑に附し──憂い無く──悔い無く朦朧(もうろう)として──、眠る如くして眠るに非ず──、眠る様な──、又眠らぬ様な──、思う様な──、又思わぬ様な──、聴く如くして聴くに非ず──、聴いている様な──、又聴いていない様な──、自身を一種の──朦朧状態に置いて──、半ば睡眠し──无に接する状態の中で──、全身の心地は楽にして──、頭を弛め──、眉を弛め──、瞼を弛め──、顔面を弛め──、頸を弛め──、肩の関節を弛め──、肘の関節を弛め──、腕の関節を弛め──、手臂を弛め──、肩を弛め──、背を弛め──、脊椎の一節一節下へと弛め──、腰を弛め──、臀部を弛め──、髖骨(かんこつ)の関節を弛め──、膝関節を弛め──、踝骨(かこつ)の関節を弛め──、大腿を弛め──、脛(すね)を弛め──、全身の筋肉を弛め──、經絡を弛め──、血管を弛め──、全身裡(うち)より外へと──、頭から脚まで──、統(す)べて楽に──、楽に──、楽に──。唸ずれば、青陽の力氣が至る──。

「拜通青陽身外身」と黙念する。(少なくとも三回)

④ 出禪と収功

1）出禪

＊出禪導引詞

　黙念——、黙念——、出——禪——しよう——、出——禪——しよう——、出禪するぞ——、出禪するぞ——、出禪——。

2）收炁歸元

　收炁歸元するには、両臂は自然に下に垂れ、掌(たなごころ)は天に向け、「青陽の力氣が——やって来る——」と想(おも)う。そして徐ろに持ち上げ、空中で大円を描(えが)く様に、男性は左手を内側に、女性は右手を内側にして下丹田の処に重ねる（月経期と妊娠期は中丹田に重ねて置く）。その儘(まま)上から下へ、男性は左廻りに、女性は右廻りに、九度廻し、然る後反対方向へ九度廻す。

3）佛光を収む

　両手は丹田の処へ畳んで置いて動かさず、自分の体の周囲に七彩光(しちさいこう)が有り、自身がその中に包(つつ)み込まれるのを思い浮かべる。これ等の七彩光(しちさいこう)は、一回り毎に縮小し、徐々に自身の丹田へと収まって行く。

4）顔面乾洗

　前述の動作後、顔面乾洗を行う。両手を合掌し指先は天に向け、手の平を摩擦し、そして顔面の下部から、上へと顔を九回擦り上げ、「若く——、皺が伸び——返璞歸樸——、嬰児の頃に返り——、母親の懐に抱(いだ)かれ——、膚の色は益々良く——青春年少を回復する——」と唸ずる。

5）潤唇
　舌で唇を舐め回す。上から下へ、男性は左へ、女性は右へと、九回り嘗めて、そして反対方向へ九回り嘗める。

6）湧泉を擦る
　両脚を徐ろに開き、数度動かしてみる（痺れる感じがあれば、脚を伸ばすか痺れが消える迄按摩する）。然る後、手の平の縁で脚の平の湧泉穴（図三十二を参照せよ）を擦る。男性は先に左脚を擦り、女性は先に右脚を擦る。強めに擦った方が良く、湧泉穴が摩擦される位が一番良く、片脚当り少

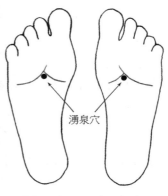

図三十二　湧泉穴

なくとも十八回擦ると良い。時間が許せば、三十六回。片脚を擦り終えたら、もう片方の脚を擦る。擦り終えたら、徐ろに眼を開け、動き、言葉を発しても構わない。

＊注意事項
　"佛光を収め"終えた後、眼を開けたいと思ったら、この時直ぐにでも目を開けて良い。何ら問題は無い。急いで眼を開けずに、全部の動作が終了してから目を開けると効果は更に高まる。
　ともあれ、出禪と唱えるや否や、直ぐに眼を開けては成らないのである。

⑤効応

舎利子を丹田に聚め、小周天（炁態経絡周天）を打通する。

2．第二級

① 調身

（任意に趺坐す）

頭を正し身を真っ直ぐに、左手の掌は天に向け、拇指は自然に、他の四指は自然に寄せて上に向け僅かに曲げて下丹田（女性は月経期及び妊娠期は中丹田に置く）の処へ置く。右手拇指は自然に、食指は天に向け、その他三指は自然にやや内側へ反り、小指は少し立てる様にして、右胸の前に来る様にし、拇指と右胸との距離は大体一束程にする。図三十三〜三十四を見よ。

図三十三　第二級禪法

図三十四　第二級禪法 ── 手印

②調息

　心に「左手に一個の大火球が有り、吸気時、火球は頭の上迄上昇し、呼気時、火球は左手迄下降して来る」と想う。"逆腹式"呼吸（通常の腹式呼吸は、吸気時腹が膨らみ、呼気時腹が凹むが、逆腹式呼吸はこれとは逆に、吸気時腹を凹ませ、呼気時腹を膨らませる）を採り、呼吸は深長にして重複して行う必要がある。

③調心

　始めは上述の様に行っても良いが、後(のち)に帯功音楽（例：拝通青陽身外身）を伴って入静して、一念を以て万念に代え、万念を抱(いだ)き、千々に乱れる心を引き留(と)める。

＊入静導引詞

（語調は柔和、悠長にして、波の様に起伏を帯びる。）

　姿勢を正した後、頭を正し身を真っ直ぐに ── 、両眼は微かに閉じる ──（或いは一条の光が漏れる様にする）、両唇は軽く合せ ── 、口腔は唾液で湿らせ ── 、舌先は軽く上顎

巻十一　青陽禪法　175

に附ける──、心情は平静に──、笑まいを湛え──、笑いを含み──、顔を顰めず、この笑みは──、内心よりの笑みであり──、体内より──体外へと──拡散し、揺蕩い──、浩瀚なる宇宙と共に──一笑に附し──憂い無く──悔い無く──朦朧として──、眠る如くして眠るに非ず──、眠る様な──、又眠らぬ様な──、思う様な──、又思わぬ様な──、聴く如くして聴くに非ず──、聴いている様な──、又聴いていない様な──、自身を一種の──朦朧状態に置いて──、半ば睡眠し──冭に接する状態の中で──、全身の心地は楽にして──、頭を弛め──、眉を弛め──、瞼を弛め──、顔面を弛め──、頸を弛め──、肩の関節を弛め──、肘の関節を弛め、腕の関節を弛め──、二の腕を弛め──、肩を弛め──、背を弛め──、脊椎の一節一節下へと弛め──、腰を弛め──、臀部を弛め──、髖骨の関節を弛め──、膝関節を弛め──、踝骨の関節を弛め──、大腿を弛め──、脛を弛め──、全身の筋肉を弛め──、経絡を弛め──、血管を弛め──、全身裡より外へと──、頭から脚まで──、統べて楽に──、楽に──、楽に──。唸ずれば、青陽の力氣が至る──。

　「拝通青陽身外身」と黙念する。（少なくとも三回）

④出禪と收功

1）出禪

＊出禪導引詞

　黙念――、黙念――、出――禪――しよう――、出――禪――しよう――、出禪するぞ――、出禪するぞ――、出禪――。

2）收炁歸元

　收炁歸元するには、両腕は自然に下に垂れ、掌(たなごころ)は天に向け、「靑陽の力氣が――やって来る――」と想う。そして徐(おもむ)ろに持ち上げ、空中で大円を描(えが)く様に、男性は左手を内側に、女性は右手を内側にして下丹田の処に重ねる（月経期と妊娠期の場合は中丹田に重ねて置く）。その儘(まま)上から下へ、男性は左廻りに、女性は右廻りに、九度廻し、然る後反対方向へ九度廻す。

3）佛光を收む

　両手は丹田の処へ畳んで置いて動かさず、自分の体の周囲に七彩光(しちさいこう)が有り、自身がその中に包(つつ)み込まれるのを思い浮かべる。これ等の七彩光(しちさいこう)は、一回り毎に縮小し、徐々に自身の丹田へと收まって行く。

4）顔面乾洗

　前述の動作後、顔面乾洗を行う。両手を合掌し指先は天に向け、手の平を摩擦し、そして顔面の下部から、上へと顔を九回擦り上げ、「若く――、皺が伸び――返璞歸樸――、嬰児の頃に返り――、母親の懐に抱(いだ)かれ――、膚の色は益々良

く ── 青春年少を回復する ── 」と唸ずる。

　5）潤唇

　舌で唇を舐め回す。上から下へ、男性は左へ、女性は右へと、九回り嘗めて、そして反対方向へ九回り嘗める。

　6）湧泉を擦(こす)る

　両脚を徐ろに開き、数度動かしてみる（痺れる感じがあれば、脚を伸ばすか痺れが消える迄按摩する）。然る後、手の平の縁(ふち)で脚の平の湧泉穴（図三十二を参照せよ）を擦る。男性は先に左脚を擦り、女性は先に右脚を擦る。強めに擦った方が良く、湧泉穴が摩擦される位が一番良く、片脚当り少なくとも十八回擦ると良い。時間が許せば、三十六回。片脚を擦り終えたら、もう片方の脚を擦る。擦り終えたら、徐ろに眼を開け、動き、言葉を発しても構わない。

　＊注意事項：

　"佛光を収め"終えた後、眼を開けたいと思ったら、この時直ぐにでも目を開けて良い。何ら問題は無い。急いて眼を開けずに、全部の動作が終了してから目を開けると効果は更に高まる。

　ともあれ、出禪と唱えるや否や、直ぐに眼を開けては成らないのである。

　⑤効応

　中脈（炁態経絡）を打通する。

3．第三級

①調身

（一字盤）

両脚の脚の平を相対させ、成るたけ脚を内側へと収め、両膝は出来るだけ平らにするが、強いてそれを求めず、両肘は自然に下垂し、掌は天向ける。心に「青陽力氣がやって来る」と想う。そして徐ろに持ち上げ、空中で大円を描く（図十一　收炁帰元分解図①〜④の姿勢に従い操作を行われよ）。男性は左手を内側に、女性は右手を内側にし、下丹田（女性は月経期と妊娠期には中丹田へ置く）の処へ揃えて置く。図三十五〜三十八を参照せよ。

図三十五　第三級禪法 ── 男性の姿勢

卷十一　青陽禪法

図三十六　第三級禪法 ―― 女性の姿勢

図三十七　第三級禪法 ―― 男性の手印

図三十八　第三級禪法 ―― 女性の手印

②調息

呼吸は自然に、腹式呼吸を採用しても良い。

③調心

＊入静導引詞

（語調は柔和、悠長にして、波の様に起伏を帯びる。）

姿勢を正した後、頭を正し身を真っ直ぐに──、両眼は微かに閉じる──（或いは一条の光が漏れる様にする）、両唇は軽く合せ──、口腔は唾液で湿らせ──、舌先は軽く上顎に附ける──、心情は平静に──、笑まいを湛え──、笑いを含み──顔を顰めず、この笑みは──、内心よりの笑みであり──、体内より──体外へと──拡散し、揺蕩い──、浩瀚なる宇宙と共に──一笑に附し──憂い無く──悔い無く──朦朧として──、眠る如くして眠るに非ず──、眠る様な──、又眠らぬ様な──、思う様な──、又思わぬ様な──、聴く如くして聴くに非ず──、聴いている様な──、又聴いていない様な──、自身を一種の──朦朧状態に置いて──、半ば睡眠し──冴に接する状態の中で──、全身の心地は楽にして──、頭を弛め──、眉を弛め──、瞼を弛め──、顔面を弛め──、頸を弛め──、肩の関節を弛め──、肘の関節を弛め──、腕の関節を弛め──、二の腕を弛め──、肩を弛め──、背を弛め──、脊椎の一節一節下へと弛め──、腰を弛め──、臀部を弛め──、髖骨の関節を弛め──、膝関節を弛め──、踝骨の関節を弛め、大腿

を弛め ── 、脛(すね)を弛め ── 、全身の筋肉を弛め ── 、経絡を弛め ── 、血管を弛め ── 、全身裡(うち)より外へと ── 、頭から脚まで ── 、統べて楽に ── 、楽に ── 、楽に ── 。唸ずれば、青陽の力氣が至る ── 。

「拜通青陽身外身」と黙念する。(少なくとも三回)

　④出禪と收功
1) 出禪
＊出禪導引詞
黙念 ── 、黙念 ── 、出 ── 禪 ── しよう ── 、出 ── 禪 ── しよう ── 、出禪するぞ ── 、出禪するぞ ── 、出禪 ── 。

2) 收炁歸元
收炁歸元するには、両臂は自然に下に垂れ、掌(たなごころ)は天に向け、「青陽の力氣が ── やって来る ── 」と想う。そして徐ろに持ち上げ、空中で大円を描(えが)く様に、男性は左手を内側に、女性は右手を内側にして下丹田の処に重ねる(月経期と妊娠期は中丹田に重ねて置く)。その儘(まま)上から下へ、男性は左廻りに、女性は右廻りに、九度廻し、然る後反対方向へ九度廻す。

3) 佛光を收む
両手は丹田の処へ畳んで置いて動かさず、自分の体の周囲に七彩光(しちさいこう)が有り、自身がその中に包(つつ)み込まれるのを思い浮かべる。これ等の七彩光(しちさいこう)は、一回り毎に縮小し、徐々に自身の丹田へと収まって行く。

4）顔面乾洗

前述の動作後、顔面乾洗を行う。両手を合掌し指先は天に向け、手の平を摩擦し、そして顔面の下部から、上へと顔を九回擦り上げ、「若く ── 、皺が伸び ── 返璞帰樸 ── 、嬰児時代に返り ── 、母親の懐に抱かれ ── 、膚の色は益々良く ── 青春年少を回復する ── 」と唸ずる。

5）潤唇

舌で唇を舐め回す。上から下へ、男性は左へ、女性は右へと、九回り嘗めて、そして反対方向へ九回り嘗める。

6）湧泉を擦る

両脚を徐ろに開き、数度動かしてみる（痺れる感じがあれば、脚を伸ばすか痺れが消える迄按摩する）。然る後、手の平の縁で脚の平の湧泉穴を擦る。男性は先に左脚を擦り、女性は先に右脚を擦る。強めに擦った方が良く、湧泉穴が摩擦される位が一番良く、片脚当り少なくとも十八回擦ると良い。時間が許せば、三十六回。片脚を擦り終えたら、もう片方の脚を擦る。擦り終えたら、徐に眼を開け、動き、言葉を発しても構わない。

＊注意事項

"佛光を収め"終えた後、眼を開けたいと思ったら、この時直ぐにでも目を開けて良い。何ら問題は無い。急いで眼を開けずに、全部の動作が終了してから目を開けると効果は更に高まる。

ともあれ、出禪と唱えるや否や、直ぐに眼を開けては成らないのである。

⑤効応
大周天（炁態経絡）を打通する。

二、動功十式

古人いわく、「動は則ち陽を生ず」と。

動功一式を良く良く修練すれば、我々の身体をして正炁を上昇、濁炁を下降せしめると共に、筋を生かし血を活かし、陰陽を平らかに抑えしめる。

高ステージの禪修には、動（動功）静（禪坐）相宜しく、陰陽交替し、斯くして更に健康に有益と成るであろう。

茲(ここ)に伝授する十式の動功は、禪法を修練して、体内には已(すで)に多くの炁と舍利子(しゃりし)を聚集した後、動功の"洗涮瓶子法(せいさんしほう)"を通して、体内の炁血を"瓶中物"と成し、"洗涮(せいさん)"を進める。更に言えば、「この功法を通して、我々の炁血を用い、血管・経絡等に対する"洗涮"を行い、因って身体の"汚垢(おく)"を掃灑(そうさい)する事で、健康長寿に至らしめる」という事である。

この動功の特色は"洗涮"であり、故にこの要領を掌握せんと欲すれば、"洗涮"を巡る練習が必要である。

日常生活に於て、多くの人が「押入の中で埃塗(ほこりまみ)れの口が小

さく頸長の硝子瓶を見つけて、入物にしようと思う。そこで、瓶の外側を綺麗に擦って洗ったが、身の回りに瓶の内側の埃を洗い清める道具が無い。そして砂粒や硝子片を取って瓶の中に詰め、適量の水を加え瓶の口を手で塞ぎ、もう片方の手で、左右に揺さぶったり振ったりして、瓶の中の物を素早く流動させ（洗涮）、一定の衝撃力を伴わせる。こうして幾度も反復して、汚れた瓶は綺麗になって行く。」といった経験をした事があるだろう。

　以上が"動功十式"の"洗涮"の原理である。

　＊腿部の姿勢
　十式の動功の中には、一式毎の変化は、上半身に在り、大腿部は始終同一の姿勢を保つ。
　自然に立ち、両脚は肩幅と同じに開き、両脚先は一直線上に置き、両膝は僅かに曲げる。
　全十式の動功中、大腿部は始終膝頭を軸心とし、速いリズムで上下に顫動する。
　＊注意事項：目を閉じては成らない。

（一）　第一式

　両臂は自然に下に垂れ、掌は体の方へ向け、百回の身体の速い上下の痙攣と共に、大腿部は同時に速いリズムで上下に顫動する。図三十九を見よ。

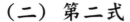

（二）第二式

　両臂は自然に下に垂れ、手の甲は、体の方へ向け、百回の身体の速い上下の痙攣(けいれん)と共に、大腿部は同時に速いリズムで上下に顫動(せんどう)する。図四十を見よ。

（三）第三式

　両臂は自然に下に垂れ、掌は体の後方へ向け、拇指は身体の方へ向け、百回の身体の速い上下の痙攣(けいれん)と共に、大腿部は同時に速いリズムで上下に顫動(せんどう)する。図四十一を見よ。

（四）第四式

両臂は自然に下に垂れ、掌は体の前方へ向け、小指は体の方へ向け、百回の身体の速い上下の痙攣(けいれん)と共に、大腿部は同時に速いリズムで上下に顫動(せんどう)する。図四十二を見よ。

（五）第五式

　上臂は自然に下に垂れ、下臂は持ち上げ、地面と平行に、掌は天に向ける。力を抜き、手腕を軸心として、手を二百回振切り、大腿部は同時に速いリズムで上下に顫動(せんどう)する。図四十三を見よ。

（六）第六式

　上半身は前へ彎（わん）曲させ、両手上腕は体と平行に、両手腕は交叉させ相重ね、体の前へ置き、両臂は身の前で円形を描く様にし、それから上へ持ち上げ、双肩の筋肉で以て、頸椎（けいつい）を按摩し、又最初の状態へ戻る。この様にして五十回反復し、大腿部は同時に速いリズムで上下に顫動（せんどう）する。頭部は持ち上げ、視線は前方へ向ける。図四十四を見よ。

（七）第七式

　両臂は前方へ直に伸ばし、掌は地面に向け、両臂は肩幅と同じに、地面と平行に、両手は素早く胸の前へと収め抱（かか）える様に、そして素早く前へと突き伸ばし、震顫力（しんせんりょく）を必要とする。動作の際には、両掌は地面と平行に保つ。この様にして百回反復し、大腿部は同時に速いリズムで上下に顫動（せんどう）する。図四十五を見よ。

（八）第八式

　両臂は前方へ直に伸ばし、掌は天に向け、両臂は肩幅と同じに、地面と平行に、両手は素早く胸の前へと収め抱（かか）える様に、そして素早く前へと突き伸ばし、震顫力を必要とする。動作の際には、両掌は地面と平行に保つ。この様にして百回

反復し、大腿部は同時に速いリズムで上下に顫動(せんどう)する。図四十六を見よ。

(九) 第九式

　両臂は両辺へ直に伸ばし、掌は地面に向け、両臂は成るべく一文字に成る様に（但し強いて求むべからず）、両手は素早く肩の方へと収め抱(かか)える様に、そして素早く前へと突き伸ばし、震顫力を必要とする。動作の際には、両掌は地面と平行に保つ。この様にして百回反復し、大腿部は同時に速いリズムで上下に顫動(せんどう)する。図四十七を見よ。

(十) 第十式

　両臂は両辺へ直に伸ばし、掌は天に向け、両臂(ひじ)は成るべく一文字に成る様に（但し強いて求むべからず）、両手は素早く肩の方へと収め抱(かか)える様に、そして素早く前へと突き伸ばし、震顫力を必要とする。動作の際には、両掌は地面と平行に保つ。この様にして百回反復し、大腿部は同時に速いリズムで上下に顫動(せんどう)する。図四十八を見よ。

❖ 收功

1．収炁歸元

両臂は自然に下に垂れ、掌は天に向け、青陽の力氣がやって来るのを思い浮かべる——。それから、徐ろに持ち上げ、空中で大弧を描き、男性は左手を内側に、女性は右手を内側に、下丹田の所で重ねて置き（月経期と妊娠期は中丹田に置く）、上より下へ、男性は左廻りに、女性は右廻りに、九度廻し、そして今度は反対方向へ九度廻す。

2．顔面乾洗

収炁歸元終了後、顔面乾洗を行う。両手を合掌し指先は天に向け、手の平を摩擦し、そして顔面の下部から、上へと顔を九回擦り上げ、「若く——、皺が伸び——返璞歸樸——、嬰児の頃に返り——、母親の懐に抱かれ——、膚の色は益々良く——青春年少を回復する——」と唸ずる。

3．尾閭を旋廻する

両手を腰に当て（手の平は前へ向け）、前から後ろへ、尾閭を旋廻する。男性は左回りに、女性は右回りに、九度旋廻する、そして今度は反対方向へ九度旋廻する。図十四を参照されたい。

以上の動作を終えた後、歩き・話しても良い。

巻十一　青陽禪法

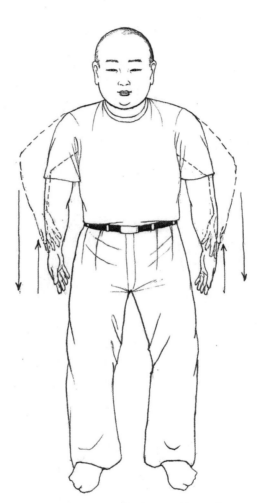

図三十九　動功 —— 第一式

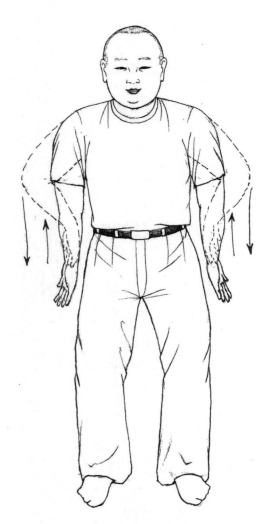

図四十　動功 ── 第二式

巻十一　青陽禪法　191

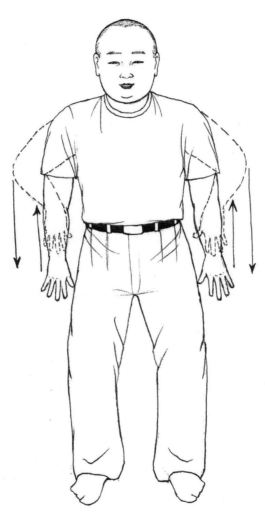

図四十一　動功──第三式

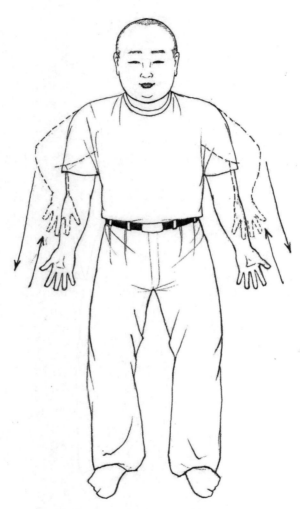

図四十二　動功 —— 第四式

巻十一　青陽禪法

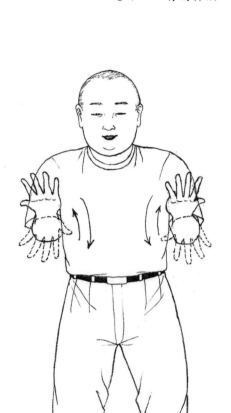

図四十三　動功——第五式

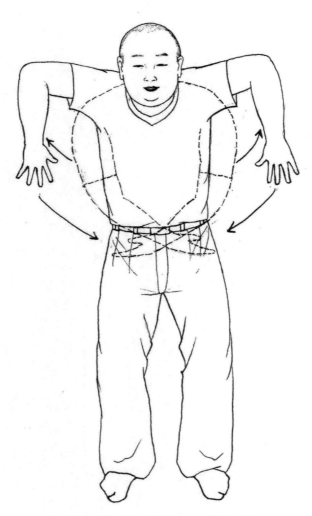

図四十四　動功 ── 第六式

巻十一　青陽禪法

図四十五　動功 ── 第七式

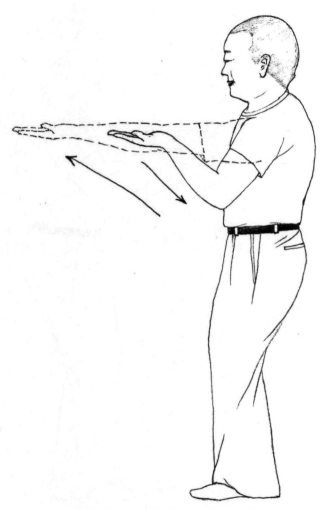

図四十六　動功 ── 第八式

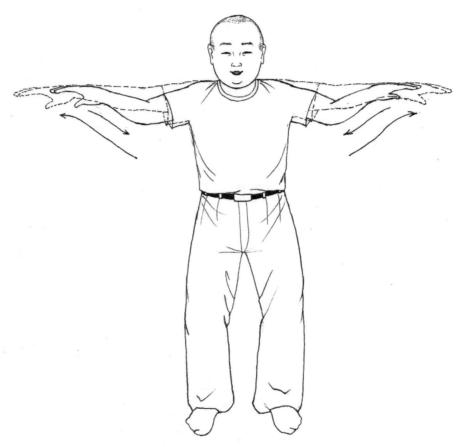

図四十七　動功 ── 第九式

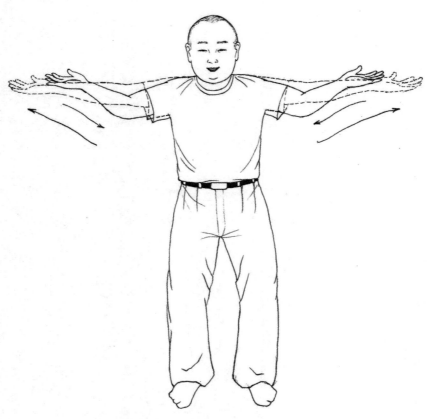

図四十八　動功 ── 第十式

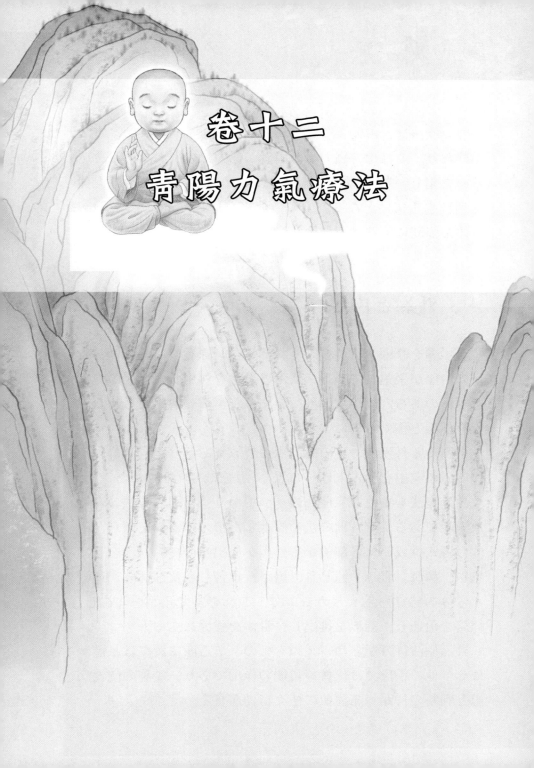

卷十二
青陽力氣療法

力氣療法は、古(いにし)えより之(これ)有れども、宗派不同なれば、方法不同なり。これは、高力氣の術者が低力氣の術者へ力氣を送るのを指し、"霊能力者"は普通の人が身体の力氣及び霊魂を調整する扶(たす)けとなる。力氣の転移を通じて生命を調整し、身体を強健にする効応に至る。

一、外炁と内炁

靈炁禪を修練してから、それぞれの修練者の体内には、多量の内炁が聚集(しゅうしゅう)している。我々は思念を利用し、自己の内炁を身体のある穴位から体外へ発するが、この放出せられた内炁を外炁と称する事にする。

謂(い)わゆる外炁は、実の所内炁の外放である。

内炁の発出を、古人は"布(ふ)炁(き)"（炁を布(し)く）と呼んだ。

外炁療法もまた力氣療法の一つであり、格別の療法の奇特な遺産である。それは禪法を修練した事のある人を指し、身体の各穴位或いは各部位から外炁を放出し得て、対手をして怠(だる)さ、痺れ、脹(むく)み、涼しさ、暑さ、重苦しさ及び躰軀(たいく)が運動する等の感覚を生ぜしめる事で、これを以て元炁を俾益(ひえき)し、経絡を疏通し、濁氣を排出し、身体を強健にする。

外炁療法は万能とは言えぬものの、ある面に於ては、慥(たし)かにその他(ほか)の手段では代替不可能の作用であり、幾許(いくばく)の慢性疾患と判断の付かぬ諸症状に往々特効が有る。

　科学技術の不断の発展に伴い、力氣研究者・機関は益々多く、力氣は科学界の認知を得ている上、ある人は之を"人体科学"と看做している。

　外炁は人体内の力氣であり、科学機器が既に外炁の客観的存在を証明している。これは複雑な物質構造を持っており、人体場・磁場・超低周波音・赤外線放射・微粒子流等の成分を有する。

　林中鵬（ほう）編『中華氣功學』（北京體育學院出版社、1989年7月発行）十三頁で林は斯くの如く述べる。

　「近年専門家が努めて各種生物・微生物体を以て特異検出器と成して外炁を探索する方法を採っている」

　「北京の熱帯病研究所副所長の馮（ふう）理達軍医は氣功'外氣'が大腸菌・赤痢（せきり）菌・グラム氏陽性菌（白色葡萄球菌（はくしょくぶどうきゅうきん）と黄色葡萄球菌（おうしょくぶどうきゅうきん））・緑膿菌（りょくのうきん）に対して均しく殺傷作用を有する。大腸菌に対する殺傷率は平均値で六十九％、赤痢菌に至っては殺傷率は八十七％に達する」

　馮医師の報告は氣功'外氣'が白色葡萄球菌に対して殺傷作用が有るばかりでなく、葡萄球菌中最も抵抗力が強い黄色葡萄球菌に対しても明らかな殺傷作用がある事を指摘する。

　「緑膿菌は一般的な抗生物質に対しては元々鈍感で、然（しか）も容易に薬への耐性を獲得するのであるから、治療に際しては非常の困難を来たす。従って氣功外氣の緑膿菌に対する作用の研究は重要な実践価値を有する」

　馮理達軍医は、一、菌落計数（flow cytometry）、二、光

電比色、三、色素代謝光電比色という三通りの異なる実験方法で氣功外氣の緑膿菌に対する殺傷作用を証明した。三通りの実験結果は氣功家包桂文が功を発して三分後緑膿菌に対して五割以上の菌抑制率が見られたという点で一致している。電子顕微鏡の二重盲検法での実験は氣功外氣作用して一分後、大腸菌の菌体が膨脹・破裂乃至は溶解するのが観察されると実証した。

「更に興味深いのが、氣功家が'思念'を転じて別の'外氣'を発する時には、細菌を殺傷せぬばかりか、却って細菌の増殖速度の倍加を促進してしまい得る事である」

「これ等の実験は一方で免疫学の観点から再度氣功外氣の物質性を証明する一方、'外氣'の双方向調整と氣功家が功を発する時の'思念'に関するこの事実を通じて、情報免疫学の確立は、人体免疫系統の確立と某種の特徴情報の形成、遞伝過程に関する証明・憑拠を提供する事になる」

事実証明が外炁がある物理成分を具えるのみならず、重要なのは生命情報をも具えている事である。生命情報の部分はその他の物理成分では準えられぬものである。

外炁を用いて他人を調理すると、或いは速効を見、或いは遅効を見、或いは何ら感覚が無く、或いは奇効・特効が、甚だしきは奇蹟が現れもする。効果の大小と外炁悟性の運用・情況掌握、そして外炁を収める人の徳行・経絡の霊敏度・誠心等が、皆大きく関係する。故に外炁を用いて他人を調理する時は、急いては事をし損ずる、急がば回れである。

　外炁は慥かに多くの病を調理できるが、実際に調理した病は優に百種類を超える。然しこれが万病を医(いや)すとは言えず、また非現実的である。ともかく、青陽禪法の修練を通じて、万病が改善するというのは有り得るが、万病を医すというのは誤解である。

　外炁が万病を改善するとは言うものの、万人を改善する事は出来ない。言うなら、二人が同様の病を得たとして、同様の調理方法を用いても、結果は同じに成らないであろう。

　青陽禪法を修練して間も無い人は、功力に限りが有るが、良く良く徳を修め、不断に深悟・苦修・巧練すれば、功力は益々高く、調病効果も益々高まる。

　青陽力氣療法は簡単且つ効果覿(てき)面である。

　ある禪友の言うには、「学べば出来、試せば灼(あらた)かである」と。

　多くの禪友が書き送った『禪坐と調病顯效(けんこう)の報告』は、この点を充分に証明している。

二、如何に内炁を外炁に転換するや

　我々は既に外炁が人体の内炁から外放されるものである事を理解した。では、如何(いか)に内炁を外炁に転換するのか。転換方法は色々であるが、ここでは二種類挙げる事にする。

（一）勞宮發炁法

　中指は彎曲させ指先を掌に附ける。指先の附いたその位置が勞宮穴である。

　外炁を放出する時、腕を僅かに曲げ、掌は伸ばしつつもやや曲げ、全身の力を抜き、掌の力も抜く。心に「炁を発する」を想えば良い。図册九と図五十を見よ。

　外炁を放出するのは非常に簡単であり、奥義も無ければ要訣も無い。

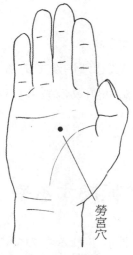
図四十九　勞宮穴

図五十　勞宮穴が炁を発する時の姿勢

（二）劔指發炁法
けんしはっきほう

　食指と中指とを合せて、伸してやや曲げ、大拇指と紅差指の指先は相対する様にし、小指は之に従って彎曲させる。こうして一口の宝劔の様な手振りを形成する爲、之を"劔指"と称する。

　劔指発炁法と勞宮発炁法は基本的に同じである。炁を発する時は全身の力を抜き、劔指もまた然りである。思念で内炁を食指と中指の指先から迸らせるのである。

　二種類の發炁法の方法は大差無いが効果は異なり、用途も同じではない。劔指が発する炁は比較的集中しており、勞宮が発する炁は面積が大きい。図五十一、図五十二を見よ。

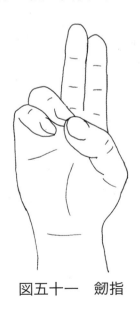

図五十一　劔指

図五十二　劔指が炁を発する時の姿勢

三、内炁を外炁に転換する際の注意事項

　内炁を外炁に転成する過程は、外炁を放出する過程でもある。外炁を放出する時、我々が注意せねばならぬのは以下の点である。

（一）飲酒後

　飲酒後は炁を発するに好ましからず、巧く炁を発せられぬ。

（二）思念

　心静かにして意定まり、意炁は相随(したが)う。外炁を放出する時は、思考を集中し、精力を分散してはならない。

（三）身体と精神

　体力が支えられず、精神が安定しない、或いは激しい運動の後は、総じて外炁を放出するに好ましくない。

（四）自らに炁を充たす

　常に外炁を放出する人は、常に禪坐するべきである。こう

して不断に自分で力氣を補充し、功力は益々強くなる。

（五）漸進

　外炁で他人の調理を手助けする場合、放出する外炁は弱から強へ、面積は大から小へである。例えば劍指で炁を発せんとする場合、まず勞宮（ろうきゅう）を用いて炁を発してから、劍指に転ずる。この他、劍指で"天目穴（てんもくけつ）"に対して炁を発しては成らない。劍指の炁は"天眼（てんげん）"を傷つけ易いのである。とにかく、眼と言えば、脆いものなのだ。

（六）力氣の源へ接通（しょうつう）する

　炁を発する時は、力氣の源への接続が重要である。力氣の源へ接続した情況下では、時に自分の力氣を使わずに、源から直接双方の力氣が供給される。こうして自己の力氣を消耗しないばかりか、反対に力氣の加持が得られるのである。
　如何に力氣の源へと接続するか。まずは「拜通青陽身外身」と黙念してから、片腕を挙げ、手の平は天へ向け、拇指と中指の指先は繋（つな）げる様にして、もう片方の手から外炁を発する事が出来る。又、百會（ひゃくえ）等その他の穴位を利用して青陽力氣を収める事も出来る。図五十三を見よ。

図五十三　力氣の源へ接続する姿勢

四、良性の思念を用いる

　我々は既に大脳が内炁を生成する能力を有する事を理解した。詰り我々の思念は炁を生成し得る、一言で言えば"意、炁を生ず"という事である。
　炁は思念の支配を受け、又思念の統制を受ける。従って内炁であれ、外炁であれ、吾人が思念を流用すれば、収めんと望めば収まり、発せんと望めば発する。
　一般的な禅法は、外炁を放出するステージに迄修練しようと思えば、以下の過程を経なければならない。意を以て炁を聚め、炁満つれば自ら行い、意は炁に随い走り、炁到らば意到り、意炁相随い、意を以て炁を領け、炁は意に随い行き、意到らば炁到る。

　もし己を恃みに修練するならば、このステージ迄修めるのに、要する時間は長い。そして青陽禪法が採るのは給功、助功、帯功の方法であり、第一部禪法を修練し終えた修練者は、全く大周天や小周天等の経絡を開いて、均しく"意到らば炁到る"のステージへ到達できる。実例で言えば、"純陽"或いは"太陽"と呼ばれる炁を欲すれば、心に日輪を唸じ、片手で炁を受ける事が出来、もう片方の手で炁を発し、収め放出する炁は、均しく微熱感が有るであろう。之に反して"純陰"或いは"太陰"と呼ばれる炁を欲すれば、心に月輪を唸じ、収め、放出する炁は均しく微涼感がある。仮に陽と陰の意念を加えなければ、収め放つ炁は陰陽調和の"混元炁"となるであろう。故に有らゆる炁を欲するにしても、皆思念を利用すべく、隨時隨処この炁を得られる。

　前に述べたる如く、外炁は思念の統制を受け細菌を覆滅できるし、細菌の繁殖もできる――これは外炁の生命霊力を証明している。因って、外炁は病を医せるだけでなく、思念を変えれば病を致す事も有る。従って、我々修練者に外炁放出を求める際は、定めて良性の思念を用いねばならない。くれぐれも悪性の思念を用いて他人を調理してはならない、かくすれば早晩悪報が有るであろう。

五、外炁の有無を判断する方法

　外炁の有無を知るには、科学計器が有れば、計器を用いて測定し、科学計器が無ければ、以下の簡単な方法を用いて判断できる。

（一）劍指を用いて勞宮穴或いは合谷穴へ炁を發する

　劍指で自身或いは他人の勞宮穴或いは合谷穴（ごうこくけつ）に対して、伸しつ縮めつ、伸ばした時は炁を発し、縮めた時は炁を発せず。もし伸して行く時、炁を受ける側のある身体部位は

図五十四　合谷穴

痺れ、熱さ、脹（む）み、涼しさ、感電の様な感覚が生ずるが、これは外炁が至った証拠である。感覚は益々はっきりとすれば外炁はより強く、同時に経絡の霊敏度も検出できる。図五十四を見よ。

（二）劍指を用いて手心(たなごころ)へと弧を描いて炁を發する

　劍指で己の或いは他人の手の平へ向って弧を描き炁を発する。円を描くにゆっくりと、円は大きく、炁を受ける手の平に炁が手の平で円を描くのが感ぜられる様にする。

（三）勞宮穴を用いて炁を發し手心を押引きする

　片方の手の手の平で、もう片方の手の手の平或いは他人の手の平に、勞宮で炁を発して押し引きすると、炁を受ける側の手の平には炁感が有る。

六、青陽能療九法

　病院と医師の医療は病を治す者で、主流であり、科学である。

　病気になったら、病院へ行き、医者に掛り、注射が必要なら注射を打ち、薬が必要なら薬を服用し、手術が必要なら手術をし、およそ医者の指示に従う。

　然し青陽力氣療法は、輔助的療法に過ぎず、医療行爲を代替する事は出来ないし、然も政府の医療機関の認可を得た者

でもない。であるから、青陽力氣療法の調理の過程では、薬も、注射も、身体への接触も必要無く、全く青陽力氣の使用のみで調理を行う。

　調理の過程に於て、薬を服用しているもしくは医師の治療を受けている者は、時間通り服薬し、医師と医院の治療方針に従うべきである。くれぐれも青陽力氣治療をしているからと言って、勝手に服薬を已（や）めたり、医院と医師の治療を離れたりしては成らない。

　筆者はここで明確に述べて置きたいのは、「一切の服薬、注射、身体への接触を伴う治療は、青陽力氣療法ではない」という事である。

（一）整体法

1. 平補平瀉（へいほへいしゃ）

　まず調理される者を自然に立たせ、或いは床（とこ）に横たえ、全身の力を抜き、舌先を軽く上顎（あご）に附け、両目は軽く閉じる。調理者は両手の掌を被調理者の体に向ける。そして頭から脚まで全身に調理（外炁で被調理者の霊体に全身梳理を施し、同時に悪い炁を瀉（しょう）かせる――これを瀉（しゃ）と爲す）を施す。両手から両脚へと下がって行く時、両手を地面に向けて軽く振り、同時に「病炁地に入（い）る」と思念を併せる。それから、手の甲を被調理者に向け、両手を被調理者の頭上迄上げて行い、上行の過程で、"外勞宮"で炁を発し、被調理者に補炁を行う（こ

れを補と爲す)。斯くして数度繰り返して行う。

2．瀉(しゃ)（はかせる）

　片手を斜上方へ挙げ、掌は天に向け、拇指と中指の指先は相対し、その他の三指は自然にする（図五十五を見よ）。もう片方の手の勞宮穴を被調理者の患部に対して、「病炁を勞宮へ吸い入れる」と思念を併せる（但し腕肘を超えてはいけない)。吸い終わったら、地面に向けて手を数度振り、「病炁地に入(い)る」と思念を併せる。これを数度繰り返す。

図五十五之一　力氣を受ける時の手印①

図五十五之二　力氣を受ける時の手印②

3．補

　瀉に接続する手法。瀉(は)き終わった後は必ず補わなければ成らない。まず瀉の手振りを改め、両手の姿勢を互換し、片手

の勞宮穴は正患部に対し、外炁を放出し、「消炎、殺菌、止痛、病平癒」と思念を併せる。

それから、炁を発した手を調理者の頭上——百會穴(ひゃくえけつ)の上方に置き、勞宮穴で被調理者をややいささかの炁を補えば良い。

最後に平補平瀉の手法に照らし、二～三度繰り返し行い、被調理者の全身の炁を調和させる。

調理が終る度(たび)に、被調理者に一度"收炁歸元(き)"をさせる。

(二) 排毒法

排毒法は調理者に由って成しても良いし、被調理者に成さしめても良い。

突然身体のある部位に不快感を生じた人が有れば、或いは調理者が他人に調理した後、自身が具合が悪くなった場合は、排毒法を採るのが有効である。

自然に立ち、両脚を肩幅と同じに開き、両脚の爪先は横一直線上になる様にし、両膝は僅かに曲げ、両手は自然に下に垂れ、拳は握らない。頭を正し身は真っ直ぐにし、両眼を軽く閉じ、両唇は軽く合せ、舌先は軽く上顎に附け、心情は平静に、頬笑(ほほえ)みを浮かべ、全身上より下へ、裡(うち)から外へ、自然に力を抜く。青陽の力氣がやって来る事を想い浮かべ、この力氣で盥浴(かんよく)する様に、頭から体内に灌ぎ、病毒の炁が両手の食指の先と両脚の湧泉(ゆう)穴から体外へ排出され、地下へ注ぎ入る。

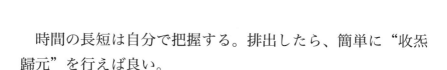

時間の長短は自分で把握する。排出したら、簡単に"收炁歸元"を行えば良い。

（三）回照法

本法は排毒法の立姿勢を採っても良い。両手の勞宮穴にて、病患部を回照する。補・瀉の手法と併せても可である。

時間の長短は、自身で把握する。

やり終えて、簡単に"收炁歸元"を行えば良い。

（四）收炁法

両手は自然に垂れ、手の平を天に向け、それから徐ろに持ち上げ、空中で大円を描く（図十一 收炁歸元分解図①～④を見よ）。同時に青陽の力氣がやって来ると思念を併せる。

この時は恰も一個の大炁團を擁しているかの様である。そして、病患部に向って、男性は左手を内側に、女性は右手を内側に、両手は手の平（手心）と手の甲（手背）が相対する様に、病患部へ重ねて置く。上より下へ、男性は左廻りに、女性は右廻りに、三十六周軽く揉みつつ回し、再度反対方向へ三十六周軽く揉み、同時に良性の思念を併せる。

繰り返し動作せんとすれば、方法に従い斟酌して処理されたい。

(五) 飲食法

　飲は飲料なり。食は食物なり。
　飲食の中に力氣を加え、飲食を以て担体（たんたい）と爲し、力氣を飲食と共に体内へ摂り入れ、こうして身体を健康にする。
　ある時は一種の体が特殊需要する力氣を対象として指定請求して、身体に対して特別の調理を行う。例えば、近頃体が乾燥して熱いから、"純陰"の炁を請求して、身体の調理を進行したいと思えば、飲食中に純陰炁を加える。一を聞いて十を知る、これを以て類推すべし。
　太古の昔、人々は皆この方法を知っていて、後に食前の祈禱（き・とう）とその他の生霊への布施（ふせ）へと変じた。当然これは一種の感恩と憐憫（れんびん）の心であり、善意であり、良いものであるが方法としては間違っている。上述の目的が達せられる方法は数多いが、己の体を害（そこな）う情況下でこの条件を満たせるとは限らない。
　なぜこうすると我々の体の健康を害（そこな）う虞（おそれ）があるのか。もし我々の飲食がその他の生霊に開放されたら、彼等は真っ先に飲食の霊炁を平らげてしまうであろうし、生業を成さず毎日我々の施しを待つ様になるであろう。結果、我々が毎日食べられるのは、およそ霊炁の無い残渣（ざんさ）となってしまう。我々の三魂七魄（はく）は、必要充分な霊炁が足りてこそ精力旺盛・魄力強大と成るのであり、充分な力氣が無ければ、どうして我々が健康で有り得ようか。

卷十二　青陽力氣療法

　　我々の修練には雙赢(そうえい)[1]が必要であり、感恩・憐憫・慈悲を要するのみならず、自己の身体健康も必要である。自分の色身が無くなったら、何ら假(か)を借りて眞(しん)を修めた事も存在しなくなるのである。

　　我々の偉大な導師たる釈迦牟尼仏は、二千五百余年前、我々に色身(しきじん)を保養する様に誡(いまし)めた。出家前、彼は極めて華美な生活を送っており、出家後、極めて厳しい苦行を修める生活を始めたばかりの頃、色身の極度の衰弱を来たした。彼は「色身がこの様な情況下に在っては、たとえ悟っても衆生を渡(と)する事は叶わぬ」と思い至った。故に彼は「過度に華美でもいけないし、過度の刻苦でもいけない、中道を行くべきである。斯くして始めて智慧の悟りが開かれる」と悟ったのである。ここに彼は、飲食供養(おんじき)を受け入れ、色身を調理する事になる。彼は飲食供養を嚥下した後、感悟して「今飲食を喰らい、氣力を充し得、以て智慧年寿を保留し、爲に衆生を渡(み)す」とおっしゃった。

　　亀鑑の力量は無窮である。我々の色身を健康に調理し、假を借り眞を修めた上に、衆生を渡化せねばならない。

　　それではどの様に飲食法を使って力氣を加持するのか。実は非常に簡単である。己の德が高まり、功が強まり手づから操作する（勞宮発炁法と劔指発炁法と、どちらを使用しても良い）他、青陽身外身が力氣を加持するのを拜しても良い。

---

[1] 双方の勝ち、すなわち双方が利益を得る事。

(六) 器物法

　ある器物に身外身の僅かな霊炁や霊光を入力すると、この器物は人が言う所の法器や法物となる。該器物は身外身が同意し指定したもしくは特定したものであるから、一条の"波の周波数"或いはいわば一条の"線(いと)"を有し、直接身外身と聯通する。そして器物の所に出現する有らゆる情報は、身外身の"漏盡通(ろじんつう)"が之を知り得て、速やかに反応する。

　この事情を処理するのは、一般的には、総じて身外身の分身が処理を行う爲、身外身の本尊は自ら現場へ赴く必要は無い。高ステージの身外身は、同一時間の中で無量の替り身を分化させる事も出来、業(わざ)を終えて再び本尊に戻る。

　目下、筆者の身外身は日毎の"分・化"が千万回を越え尚も増加中である。

　人々が普段言う所の開眼(かいげん)は、詰り塑像(そぞう)某の開眼であるとか、この塑像の法身を像に入れて貰うとかである。然し有らゆる人がこの法身を招請できる訳でもなく、もしこの法身が来なかったら、低ステージの法身が数多(あまた)来てこれを奇貨として供養を喰らうであろう。仮にこうした情況が現れたらば、我々が毎日拝する(拝せんと願う)その法身は、端(はな)から来ていないのである。この他、入像にしても本尊が塑像の中に居る、或いは一個の分身が中に居るのではないのである。もしこの様に長期に亙り中に住まえば、一つの姿勢を固定せねばならず、それはそれは辛苦であろう。この様に辛苦であれば、誰

が法身を修めようと思い、誰が神に成ろうと思おうか。なので、開眼は、法身本尊が塑像内に僅かの霊光或いは霊炁を封入することである。この僅かの霊光或いは霊炁は、長期間法身と聯通を保てば、事有らば来たり、事無からば去る。

　それでは如何に法物や法器を使用するのか。

1）身に付け携帯する
2）聴く
3）閲(けみ)す
4）読む
5）並べる
6）掛ける
7）自分の或いは他人の病患部に翳(かざ)して動かす。

（七）音波法

　音波療法も一種の力氣療法である。音波療法は古えに已にこれ有り、現代の西洋社会では依然使用する人が有る。

　青陽音波療法の効能は三方面よりもたらされる。その一、咒語(じゅご)の効応、ある特殊な字や音が、特殊な音声信号を発し、この音声信号が人体に対する調理作用を具有する。その二、催眠・放鬆(ほうしょう)作用、催眠・放鬆は共に身体を調理し、これ等は既に実証せられているが、紙幅の関係上（本書を重厚なものにするを望まず、印刷経費の増加、延いては読者の負担増加、そして読了に時間が掛る爲）、原理を詳述せず。その三、

青陽身外身からもたらされる加持である。

　青陽禪法の修練者は、ある時は機に隨い、思わず自分も聞いて分らぬ言語を口にし、一種の音波を発する。この言語は、翻訳できる事もある。あるものは地球外の言語であるが、やはり翻訳し得る。

　青陽禪法は自身の音波を擁している。この音波は筆者の口より発せられ、強力な力氣を持っており、帯功・送功・禪坐及び身体の調理に用いられ、取分け大規模の聚会(しゆうかい)の帯功に適し、効果は絶大である。

　使って見ればとても簡単で、放鬆して聴けば良く、終えた後少しく"收炁歸元"する。"立禪"の"出禪と收功"の手順を参照して収功を行っても良い。禪坐であれば、禪坐の要求の通りに収功を行う。

（八）表符法

　表符表は太古の時代に誕生し使用が開始せられ、連綿と今に伝えられて来た便利・実用・速効・威力の法宝である。それはまたある教派の導師が、平時使用している大法の一つである。

　表は表なり、符は符なり。両者の作用は同じからず。

　陽間(天)と陰間(地)の部門は多く、ある部門に報せ、請求、訴え等を伝達したい時、ある時は必ずしも自ら赴く必要は無く、只書翰を認(したた)め、身辺の教衞(護法)に頼んで、処理する

事が出来る。この信書は、表と称せられる。俗称は送表或いは上表という。禁中或いは自分の上司に書く信書は、一般的に上表という。

　使用方法は、書き終えたら空中に掲げ、口中である詞を唸じ（やはり自己の思念を加える）、空中で大地と平行に九周取り廻し、それから"表"を地上に三度軽く附け（敎衛が駆け付ける）、後にそれを焼き捨てる。

　符は法力の塗布を有する。この法力は、塗布者に由り注入するもので、器物法の注入方法と同じである。符の法力の強弱は、全く符を塗布した者の法力により決定される。

　使用方法は、懸掛・陳列或いは携帯する。

（九）密中祕超時空大法

　密中祕超時空大法は、本書の主旨であり、青陽禪法の精華にして有らゆる方法を縱貫する主線である。吾人が如何なる方法を用いるにせよ、同時に密中祕超時空大法を使用しただけで、吾人の成した事をして、事半ばにして功を倍する奇特な効応を達せしめるのである。

　それでは、如何にして密中祕超時空大法を使用するのか。まず吾人は拜み請う施法者を要し、須らく既に今世法身（身外身）を修練してあるべきである。なぜならば、身外身は"漏盡通"を具有する爲である。而して用法者はこの法を使用する時、須らく身外身の思念を拜み請い、誰の身外身であるか

指定するべきである。

　古えに、この方法を"請師父法"と呼んだ。然し師父は、只一人であり、多い場合、どの師父であるのか指定する必要がある。さもなければ、総てが来たり、或いは全く来なかったり、或いは来ても手を伸べてくれず、互いに観望して、相手方が手を伸べるのを待っているというバツの悪い事態が起り得る。

　青陽禪法の修練者が、密中祕超時空大法を使用する場合、青陽身外身を拜請しなければ有効に成らない。然らずは、目指す物無く、誰に助けを求めて良いか分らぬ奇怪な現象が現れ得るのである。

　青陽禪法の"密中祕超時空大法"には、只口訣或いは咒語と称するものが有るのみで、これが"拜通青陽身外身"である。

卷十三
青陽活子時

青陽活子時
<small>せいようくわつしじ</small>

法を弘め善く導き　慈み悲み淨く染む
人を助け樂と爲し　人々に善を爲さん
毒を戒め賭を忌み　勤み儉く節約せよ
足を知り常に樂み　遇ふ隨にして安し
老を尊び幼を愛み　家は和ぎ鄰は諧ふ
恩を知り報を圖り　孝は順ひ禮は寬し
順境にて心を靜め　逆境にて修め忍ぶ
安に居て危を思ひ　驕を戒め貪る勿れ
國の法と道の法を　一生遵ひ守るべし
健康に長壽にして　身と心は全く安し
德小さく功は低し　德大きく功は高し
魔難と奉獻とは　功を長ずる源泉なり
懺悔し反省しつゝ　心を修め身を養ふ
人を渡し己を渡し　深く悟り巧に練る

青陽活子時　原文

弘法善導　慈悲淨染
助人爲樂　與人爲善
戒毒忌賭　勤儉節約
知足常樂　隨遇而安
尊老愛幼　家鄰和諧
知恩圖報　孝順禮寬
順境靜心　逆境修忍
居安思危　戒驕勿貪
國法道法　一生遵守
健康長壽　身心全安
德小功低　德大功高
磨難奉獻　長功泉源
懺悔反省　修心養身
渡人渡己　深悟巧練

附録：図表索引

（一）表

順序	表名称	頁番号
表一	自律神経系統刺戟後、どの人体器官に症状が現れるか	28
表二	経脈・臟腑と五行の相関	51
表三	子午流注 —— 納子法	53

（二）図

順序	図名称	頁番号
図一	経絡の仕組	47
図二	十二経脈と陰陽五行の対応関係	48
図三	経絡の陰陽関係	48
図四	肢体の経絡	49
図五	十二経脈の流注と交接	50
図六	禪態図	122
図七	會陰穴	144
図八	高坐禪 —— 手印	144
図九	高坐禪 —— 正面	145
図十	高坐禪 —— 側面	145
図十一之一	收炁歸元分解①	149
図十一之二	收炁歸元分解②	150
図十一之三	收炁歸元分解③	150
図十一之四	收炁歸元分解④	151
図十二	立禪	152
図十三	立禪側面 —— 両膝をやや曲げた姿勢	153
図十四	轉尾閭 —— 両手の位置	156

図十五	散盤 ─ 男性の姿勢	158
図十六	散盤 ─ 女性の姿勢	158
図十七	自然盤 ─ 男性の姿勢	159
図十八	自然盤 ─ 女性の姿勢	159
図十九	單盤 ─ 男性の姿勢	160
図二十	單盤 ─ 女性の姿勢	160
図二十一	一字盤	160
図二十二	跪盤 ─ 男性の姿勢	161
図二十三	跪盤 ─ 女性の姿勢	161
図二十四之一	雙盤①	163
図二十四之二	雙盤②	164
図二十五之一	隨意伸腿坐姿①	165
図二十五之二	隨意伸腿坐姿②	165
図二十六之一	坐蒲團① ─ 健康な修練者の坐姿	166
図二十六之二	坐蒲團② ─ 疾病や障碍のある者の坐姿	167
図二十七	手の平のへりの部分	167
図二十八	第一級禪法 ─ 男性の姿勢	168
図二十九	第一級禪法 ─ 女性の姿勢	168
図三十	第一級禪法 ─ 男性の手印	169
図三十一	第一級禪法 ─ 女性の手印	169
図三十二	湧泉穴	172
図三十三	第二級禪法	173
図三十四	第二級禪法 ─ 手印	174
図三十五	第三級禪法 ─ 男性の姿勢	178
図三十六	第三級禪法 ─ 女性の姿勢	179
図三十七	第三級禪法 ─ 男性の手印	179
図三十八	第三級禪法 ─ 女性の手印	179
図三十九	動功 ─ 第一式	189
図四十	動功 ─ 第二式	190
図四十一	動功 ─ 第三式	191
図四十二	動功 ─ 第四式	192

図四十三	動功 ― 第五式	192
図四十四	動功 ― 第六式	194
図四十五	動功 ― 第七式	195
図四十六	動功 ― 第八式	196
図四十七	動功 ― 第九式	197
図四十八	動功 ― 第十式	198
図四十九	勞宮穴	204
図五十	勞宮穴が炁を発する時の姿勢	204
図五十一	劍指	205
図五十二	劍指が炁を発する時の姿勢	205
図五十三	力氣の源へ接続する姿勢	208
図五十四	合谷穴	210
図五十五之一	力氣を受ける時の手印①	213
図五十五之二	力氣を受ける時の手印②	213

読者カード
全方文化事業有限公司

『禪修密中秘』をお買い上げいただきありがとうございます。
より良いサービスをお届けするため、以下の資料をご記入の上、
全方文化までご返送ください。弊社より関連出版情報、ならびに
様々な購入特典をご案内させていただきます。

お名前：＿＿＿＿＿＿＿＿＿　性別：＿＿＿＿＿＿＿　年齢：＿＿＿＿＿
電話：＿＿＿＿＿＿＿＿＿＿　FAX：＿＿＿＿＿＿＿
電子メール：＿＿＿＿＿＿＿＿＿＿＿＿＿＿＿＿＿＿＿＿＿＿＿
ご住所：＿＿＿＿＿＿＿＿＿＿＿＿＿＿＿＿＿＿＿＿＿＿＿＿＿
学歴：□小卒（以下を含む）　□中卒□高卒□専門卒□大卒□修士□博士
職業：□学生□主婦□自衛隊・警察□サービス業□製造業□公務員□自由業
　　　□情報産業□金融業□農林漁畜産業□販売業□退職□その他＿＿＿

本書をどこでお知りになりましたか。
□書店□インターネット□広告・チラシ□家族・友人□新聞広告□雑誌広告
□新聞記事□ラジオ番組□テレビ番組□その他＿＿＿＿＿＿＿

本書を読み終わったご感想をお聞かせください。
内容：□とても満足□満足□普通□不満
レイアウト：□とても満足□満足□普通□不満
表紙デザイン：□とても満足□満足□普通□不満
価格：□とても満足□満足□普通□不満

お好きな宗教書籍はどのようなものですか？
□仏教□道教□カトリック□プロテスタント□イスラム教□その他＿＿＿

全方文化にどのような書籍をお望みですか？（複数選択可）
□ビジネス□マネジメント□心理□啓発□社会人文□伝記□文学□保健
□漫画□宗教□科学□その他＿＿＿＿＿＿＿＿＿＿＿＿＿＿＿

編集部へのご意見：＿＿＿＿＿＿＿＿＿＿＿＿＿＿＿＿＿
＿＿＿＿＿＿＿＿＿＿＿＿＿＿＿＿＿＿＿＿＿＿＿＿＿＿＿
＿＿＿＿＿＿＿＿＿＿＿＿＿＿＿＿＿＿＿＿＿＿＿＿＿＿＿
＿＿＿＿＿＿＿＿＿＿＿＿＿＿＿＿＿＿＿＿＿＿＿＿＿＿＿

切手をお貼り
ください

10399
台北郵局第 11-106 号信箱
全方文化行

P.O.BOX 11-106 Taipei
Taipei City 10399
Taiwan (R.O.C)

この線を山折にして、貼り合わせて返送してください

点線に沿って切り取り、貼り合わせて返送してください

全 方 文 化

「未來佛宗教」主旨——

継承　庇護　修正　昇華

禪修密中祕

華文著者●釋迦青陽
日文訳者●市川春樹
日文校正●市川春樹・林永明
日文版出版社●揺籃社
発行責任者●比嘉良孝
編集責任者●山﨑領太郎
美術デザイン●陳君鳳
法律顧問●黃達元弁護士

揺籃社
TEL ● 042-620-2626
FAX ● 042-620-2616
電子メール● info@simizukobo.com
住所●東京都八王子市追分町 10-4-101
網頁● http://www.simizukobo.com

ISBN ● 978-4-89708-395-7 C3015
2018 年 3 月初版

華文版出版社●全方文化事業有限公司
住所●台灣台北市忠孝東路 5 段 1 之 1 號
連絡●台灣台北郵局第 11-106 號信箱
電話● (02)7703-0117
電子メール● CosmosCulture@gmail.com

世界華文國際市場総代理●采舍國際 www.silkbook.com
住所●台灣新北市中和區中山路 2 段 366 巷 10 號 3 樓
電話●(02)8245-8786
FAX ●(02)8245-8718

版權所有　無斷転載禁止